HUFSPUREN

CHRISTA LUDWIG

136 Hufe zu viel

HUFSPUREN 2

CHRISTA LUDWIG

136 Hufe zu viel

VERLAG FREIES GEISTESLEBEN

Mit einem *Mini-Lexikon der Pferdesprache* am Ende des Buches

2. Auflage 2011

Verlag Freies Geistesleben
Landhausstraße 82, 70190 Stuttgart
Internet: www.geistesleben.com

ISBN 978-3-7725-2362-5

Umschlag & Gestaltungskonzept: Maria A. Kafitz
Satz: Bianca Bonfert
Fotos: Wolfgang Schmidt
Druck: CPI – Clausen & Bosse, Leck

136 Hufe zu viel 1

Warum um alles in der Welt sollten Schüler nicht fernsehen?
Jana saß immer noch vor einem leeren Blatt. Vielleicht sollte sie sich doch für das andere Thema entscheiden? Sie schaute an die Tafel:
Thema II: Brauchen wir eine Schülermitverwaltung?
Dazu fiel ihr erst recht nichts ein.
Also erst mal Gründe sammeln für: Schüler sollen fernsehen, weil ...
Aber dazu fiel Jana auch nichts ein. Sie hatte nicht viel Zeit zum Fernsehen. Auf dem Ulmenhof stand Askan in seiner Box, und dreimal in der Woche durfte, sollte, musste sie ihn

reiten. An den anderen Tagen ging er im Schulbetrieb und montags hatte er frei. Aber an all diesen anderen Tagen war Jana auch im Stall und half Askan putzen, Hufe auskratzen, satteln, auftrensen, Nasenriemen kontrollieren – es gab immer was zu tun.
Wann also sollte Jana fernsehen?
Doch letzte Woche hatte sie einen Film über Westernreiten gesehen. Ein bisschen komisch fand sie diese verhinderten Cowboys, aber ihre Art zu reiten war eigentlich ganz interessant. Sie schrieb in die linke Spalte: Schüler sollten fernsehen, denn Fernsehen bringt wichtige Informationen.
Und nächsten Dienstag würde sie vielleicht wieder eine Sendung anschauen. Oder auch nicht? Theres und Alberta, die schräg vor ihr saßen, redeten seit fünf Tagen davon:
«Nächsten Dienstag ist ein Film über Islandpferde!»
«Direkt aus Island!»
«Du kannst zu uns kommen. Auf eurem Fernseher sieht man ja nichts.»
Das hatte Theres zu Alberta gesagt. Zu Jana hatte sie es nicht gesagt. Weil Janas Eltern ihren Fernseher nicht vom Sperrmüll hatten wie Albertas? Oder weil Jana keine Islandpferde sehen wollte?
«Scheißviecher», murmelte Jana. «Mistböcke. Sauböcke. Zottelpelze. Knuddelponys. Wie kann ein vernünftiger Mensch so was reiten?»
Und sofort füllte sich die rechte Seite ihres Blattes, es war die Spalte mit den Argumenten dagegen:
Wir brauchen keinen Reiterhof mit 34 Islandpferden,
– weil das 136 Hufe zu viel sind!
– weil wir hier schon einen Reitstall haben

– und zwar einen mit richtigen Pferden
– und weil Alberta und Theres meine besten Freundinnen sind und ich es saudoof finde, wenn wir in verschiedenen Reitschulen sind
– und weil ich nur eine halbe Reitbeteiligung an Askan habe und Theres die andere Hälfte bekommt, wenn sie nur will, und dann müsste Askan kein Schulpferd mehr sein, aber Theres spinnt nur noch von Islandpferden, die gar keine Pferde sind, sondern Ponys …
Jana merkte, dass jemand sie beobachtete. Jemand stand hinter ihr und schaute auf sie hinunter. Sie wusste, wer das war. Die Auswahl war nicht groß. Es war ja ganz ruhig in der Klasse, niemand rannte herum, alle hockten über ihren Aufsatzheften. Jana drehte sich um.
Herr Taggert hatte wieder dieses Gesicht, das sie alle so sehr an ihm mochten. Es wäre maßlos übertrieben zu behaupten, dass er grinste. Aber zu sagen, er mache ein ernstes Gesicht, wäre einfach falsch. Es war das Taggy-Gesicht, das niemand beschreiben konnte, das alle immer neugierig machte: Was wird er jetzt tun?
«Ähhhh», flüsterte Jana. «Thema verfehlt? Ich glaube, ich habe das Thema verfehlt?»
Taggy schob die Unterlippe etwas vor. Das verstärkte noch einmal die Frage: Was wird er jetzt tun?
Er zuckte die Achseln.
«Kommt drauf an», sagte er und ging zur Tafel. Sehr langsam. Wie jemand geht, wenn er zugleich nachdenkt. Ein paar andere aus der Klasse schauten auf. Auch Theres. Die guckte sowieso immer hinter Taggy her.
«Der ist doch viel zu alt für dich», hatte Jana mal gesagt.

«Du spinnst!», hatte Theres sie angezischt. «Ich mag ihn, weil er aussieht wie mein Vater.»
Das hatte Jana ihr nicht geglaubt. Kontrollieren konnte sie es aber nicht, denn sie hatte Theres' Vater noch nie gesehen, obwohl Theres ganz nah bei ihr wohnte, nur auf der anderen Straßenseite. Doch sie konnte sich nicht vorstellen, dass Herr Rohner auch nur ein bisschen so aussah wie Taggy.
Der stand nun an der Tafel und hatte die Kreide in der Hand. Langsam schrieb er:
Thema III: Braucht unsere Stadt einen Reiterhof mit Islandpferden?
«He!»
Es ging ein Raunen und Rufen durch die Klasse. Die Jungen maulten und Thomas rief: «Thema IV: Braucht unsere Stadt einen zweiten Fußballplatz?»
«Tut mir leid», sagte Taggy. «Das ist kein Thema für eine Erörterung. Der Aufsatz wäre mit zwei Buchstaben fertig. Du schreibst: Ja!, und ich könnte nicht einmal behaupten, du hättest das Thema nicht ausführlich genug behandelt. Aber du kannst die Idee wieder bringen, wenn wir demnächst mal eine Forderung für die Stadtverwaltung schreiben, ja?»
Theres wandte den Kopf, sah Jana an und verdrehte die Augen. Das hieß: Fantastisch, dieser Taggy. Damit waren jetzt nämlich sogar die Jungen zufrieden.
Aber Theres war nicht die Einzige, die auf Jana schaute. Alle dachten: Das hatte Taggy für *sie* getan – Jana Immerglück, der alles gelang, der alles zufiel. Für ein paar Augenblicke war sie wieder Jana Immerglück. Aber um das

zu bleiben, musste sie diese Islandpferde vertreiben, sonst würde sie ihre beiden besten Freundinnen verlieren.
Ich schaffe es, dachte Jana, niemand will die blöden Knuddelponys hier, die rennen immer nur im Gelände rum, und die von der Stadt haben Angst um ihre Wanderwege – wir vergraulen die!
Aber ein gutes Gefühl war das nicht. Im Blickwechsel zwischen Jana und Theres war etwas, das da nicht hingehörte – fast so etwas wie Feindschaft.
Jana biss die Lippen zusammen und beugte sich wieder über ihr Blatt. Das schrieb sie nun ganz schnell voll, zumindest die rechte Spalte mit den Argumenten gegen die Islandpferde. Die andere Spalte blieb leer. Sie blickte auf die beiden Köpfe vor ihr, die hellen, dünnen, etwas flauschig gekrausten Haare von Theres und den dicken, schweren, tiefschwarzen Zopf im Rücken von Alberta, und sie wusste, bei denen ist es umgekehrt, die haben die andere Spalte vollgeschrieben.
Na toll, dachte sie grimmig. Wenn wir jetzt zusammensäßen, könnten wir wenigstens einen Superaufsatz schreiben.
Aber die wollten ja nicht mehr neben ihr sitzen, weil sie immer schwätzte, und Theres war zum Schwätzen zu artig, Alberta zu ehrgeizig.
Zusammen wäre unsere Stoffsammlung perfekt, dachte Jana. Dann hätte dieser Ärger mit den Ponys wenigstens etwas gebracht.
So ganz sicher war sie sich da allerdings nicht. Vielleicht hätten sie sich auch nur gestritten und gestritten und ...
Als es zur Pause läutete, hatten alle drei einen jeweils halben guten Aufsatz. Das musste reichen. Sie gingen in die Pause. Sonst standen oder saßen sie da immer zusammen

und erzählten sich nach einer Arbeit gegenseitig, was sie geschrieben hatten. Heute taten sie das nicht. Sie guckten sich an und guckten woandershin. Alberta zog an ihrem Zopf und Theres leckte an ihrer Zahnspange. Sie schauten über den Schulhof und suchten Felix, aber der kam in den Pausen nie zu ihnen, er blieb bei den Jungen in seiner Klasse, sie schauten trotzdem dahin, wo er stand und ging. Das einzige Gemeinsame, das sie noch hatten, war: Sie schauten zu Felix, alle drei.

Nach der letzten Stunde gingen sie wie immer zum Fahrradkeller. Es war Ende September und ziemlich warm. Sogar Theres durfte noch mit dem Rad zur Schule fahren. Allerdings flatterte aus ihrem Rucksack ein blaukarierter Schal. *100 % Cashmere* stand auf dem Etikett. Als Theres ihn vor 14 Tagen zum ersten Mal in ihren Schulrucksack gestopft hatte, war auch noch das Preisschild dran gewesen, und Jana hatte entsetzt gesehen, dass dieser alberne Streifen Stoff ziemlich genauso teuer war wie das Sidepull, das sie so gern für Askan gekauft hätte. Bettina, ihre Reitlehrerin, hatte ihr nämlich zugesagt, Askan könne in der Halle durchaus mit Sidepull gehen, da brauche er nicht unbedingt eine Trense mit einem Stück Metall im Maul, Sidepull wäre genug und dann könnten die Reitschüler ihm nicht mehr im Maul rumreißen. Aber Jana hätte das Sidepull selber kaufen müssen und dazu langte ihr Taschengeld nicht.
Sie ging schräg hinter Theres her, weil sie ihr nicht in die Augen schauen wollte, aber so musste sie sich jetzt wieder über den Schal ärgern, den Theres nicht einmal benutzte. Sonst war Jana immer vorausgegangen. Sie war die Jüngste,

aber trotzdem immer die Erste. Sie war nicht so reich wie Theres und nicht so arm wie Alberta. Sie war nicht so lang und dünn wie Theres und nicht so dick wie Alberta. Sie war nicht so blond wie Theres und nicht so dunkel wie Alberta. Sie war überall in der Mitte und dennoch kein bisschen mittelmäßig. Sie war Jana Immerglück, sie ging voraus und machte den Weg frei – früher, als noch niemand an Islandpferde dachte.

Felix kam aus der 9. Klasse. Er war ein Jahr älter als Jana, ein halbes Jahr älter als Theres, und Alberta war fast genauso alt wie er. Keine der drei erzählte ihm von dem Aufsatzthema, über das sie geschrieben hatten. Sie sprachen überhaupt nicht viel. Jana steuerte gedankenlos auf die dunkle Ecke zwischen der Tür und den Schließfächern zu und wartete dort. Sie kramte in ihrer Hosentasche und fand den Schlüssel nicht.

«Was suchst du?», fragte Alberta.

Und da fiel Jana ein, warum sie den Schlüssel nicht finden konnte. Er war nicht da. Sie brauchten kein Schließfach mehr. Seit Beginn der 8. Klasse durfte Alberta in der Schule anziehen, was sie wollte. Sie gehörte zu einer russischen Aussiedlerfamilie aus Kasachstan, und im letzten Jahr noch hatte ihr strenger Vater sie gezwungen, in die Schule zu gehen, wie es in Kasachstan üblich war: Zöpfe, Spitzenbluse, Rock, Kniestrümpfe.

Felix grinste.

«Nee», sagte er, «Irrtum, Jana, kein Striptease mehr. Schade.»

In der letzten Klasse hatte Alberta ihre verhasste Schulkleidung im Schließfach versteckt und hier immer T-Shirt und Jeans von Jana angezogen.

Jana nickte. Sie ging an Alberta vorbei, schaute auf deren neue Jeans und sagte: «Du hast die zu klein gekauft. Viel besser als meine passen sie dir auch nicht.»
Das war gemein. Alberta vertrug es nicht gut, wenn jemand darauf anspielte, dass sie dicker war als die beiden anderen.
Felix, der immer gern zu allen nett war, sagte zu Alberta: «Dass Frauen mager sein müssen, ist nur eine fixe Idee von Frauen.» Und zu Jana: «Ich darf heute ausreiten. Kommst du mit?»
Damit hatte er leider danebengetroffen.
«Heute ist Freitag», sagte Jana. «Askan geht im Schulbetrieb. Ist aber nicht so schlimm. Theres hat Reitstunde und wird ihn reiten.»
Sie bemerkte einen seltsamen Blickwechsel zwischen Theres und Alberta, aber sie dachte nicht darüber nach und holte ihr Rad.
Sie hatten nur ein kurzes Stück gemeinsamen Schulweg. Als Erste trennte sich Alberta. Sie musste über den Hügel ins Hinterland. Dort wohnte sie mit ihrer Familie in dem nicht gerade gut erhaltenen Haus eines verlassenen Bauernhofes.
«Bis nachher!», rief Alberta.
Und wenn Jana gut aufgepasst hätte, wäre ihr aufgefallen, dass sie das eigentlich nur Theres zurief.
Dann war Felix an der Reihe zu sagen: «Bis nachher!» Und er sagte es wie immer, bevor er die Straße zum Bergholz hinaufstrampelte. Er wohnte oben in der Hochhaussiedlung.
Die beiden Übrigen hatten freie Fahrt. Für sie ging es abwärts zum See. Jana stellte verwundert fest, dass Theres vorausfuhr. Normalerweise war sie selber die Erste. Bevor sie in ihre Straße einbogen, zog Theres freihändig fahrend den

Schal aus dem Rucksack und wickelte ihn sich um den Hals.
Das sollte ihre Mutter sehen, dachte Jana und musste grinsen. Was würde die schreien, wenn sie wüsste, in welche Gefahr sie ihre Tochter brachte mit diesem Schal, der so teuer war wie ein Sidepull, der Theres schützen sollte vor Erkältung, was er nicht tun konnte, solange er im Rucksack war, und dann fuhr sie auch noch freihändig, damit sie ihn gerade noch rechtzeitig um den Hals wickeln konnte, bevor sie in Sichtweite ihres Hauses kam. Was für ein Leichtsinn!, würde ihre Mutter sagen.
Theres bremste.
«Ähhh», sagte sie.
«Also bis nachher», sagte Jana.
«Ähhhh», sagte Theres. «Ich komm heut nicht.»
«Was?!?!» Jana glaubte, sie hätte sich verhört.
«Ich fahre heute mit meiner Mutter zum Rappenhof.»
«Rappenhof?»
«Ja», erklärte Theres. «So heißt der Hof mit den Islandpferden, da wo er jetzt ist. Und so wird er auch heißen, wenn sie zu uns umziehen.»
«Was machst du da?»
«Ja, ähhh, ich will Pferde ausprobieren.»
«Heute?!» Jana schrie. «Du hast heute Reitstunde.»
«Ich werd ja auch reiten.»
«Du sollst Askan reiten. Du bist die Einzige außer mir, die ihm nicht im Maul rumreißt.»
«Ja, aber ...»
Jana wusste, dass Theres' Mutter ihr ein Islandpferd versprochen hatte, aber –

«Muss das heute sein?»
«Morgen ist Wochenende. Da machen sie Ausritte.»
«Dann geh Montag!»
«Da haben sie Ruhetag.»
«Dann geh Dienstag!»
«Da ist der Film im Fernsehen. Über Islandpferde.»
Das war zu viel für Jana. Sie riss ihr Rad herum und stieß es quer über die Straße. Sie wohnte auf der anderen Seite, der «billigeren», die keinen Seeblick hatte. In ihren Augenwinkeln flatterte dieser alberne blaue Schal. Wenn sie den wenigstens nehmen und in ein Sidepull verwandeln könnte. Dann hätte Askan heute kein Trensengebiss im Maul und kein Reitschüler könnte daran herumziehen.
Theres rief: «Jana!»
Sie bremste.
«Ja?»
Theres leckte an ihrer Zahnspange und fragte: «Willst du nicht mitkommen?»
«Mitkommen?»
«Ja. Du darfst doch Askan heute sowieso nicht reiten.»
«Zu diesen Isländern? Bist du verrückt. Soll ich mein Pferd verlassen?»
«Ich hätte gern – ich darf mir doch ein Pferd aussuchen – ich hätte dich gern ...»
«Ich verlasse mein Pferd nicht!»
Und da hatte Jana plötzlich einen Verdacht.
«Alberta?», fragte sie. «Fährt die mit?»
Theres nickte.
Jana riss das Gartentor auf. Ihr fiel eine neue Verwendung für den blauen Schal ein. Man könnte Theres damit er-

würgen. Würgen! Würgen! Sie fasste sich an den Hals. Sie musste selber würgen. Freundschaft? Ist so was Freundschaft?

«Kauen!»
Christian war eigentlich der wundervollste aller Väter, aber er hatte diesen einen Tick: Er bestand darauf, dass man alles gründlich und sorgfältig zehnmal durchkaute, sogar Nudeln. Und Jana hatte dazu normalerweise keine Zeit. Es war Freitag, und da Theres nicht kommen würde, müsste sie eigentlich aufpassen, wer Askan reiten durfte, und verhindern, dass ‹wer auch immer› ihm den Nasenriemen zu eng schnallte.
«Kauen!», sagte Christian noch einmal. «Hallo, Fabian, ich rede mit dir!»
Er konnte tatsächlich nur den kleinen Fabian gemeint haben, denn Jana zerkaute die Spaghetti vorbildlich. Es blieb ihr gar nichts anderes übrig. Alles zu Brei zerkauen war die einzige Möglichkeit, heute etwas in ihren Magen zu bringen. Denn es musste ja alles irgendwie vorbei an dem dicken würgenden Kloß in ihrem Hals.
Ungewöhnlich still war es. Sonst redete Jana immer beim Essen. Unaufhörlich. Heute erzählte nur Fabian und patschte den Löffel in die Tomatensoße.
«Fehlt dir was?», fragte Silke.
Jana schüttelte den Kopf und wich dem Blick ihrer Mutter aus. Sie kaute, schluckte. Aber dann brachte sie auch den Nudelbrei nicht mehr hinunter.
«Du musst mir helfen, Christian», sagte sie. «Uns musst du helfen, dem ganzen Ulmenhof. Du musst jeden Tag einen

Artikel in die Zeitung setzen gegen diese Islandpferde, ich hab 'ne Menge Argumente, die sind ...»
Ihr Vater schüttelte den Kopf.
«Ich mache eine seriöse Zeitung und kein Hetzblatt, Jana. Das darf ich nicht.»
«Aber es gibt wirklich gute Gründe ...»
«... die ich nicht zu veröffentlichen habe. Ich berichte nur.»
«Wenn die kommen, gehen Theres und Alberta zu den Isländern.»
«Euer Rundumbeschlag», sagte Silke leise. «Bricht er wirklich auseinander? Das ist schlimm.»
Rundumbeschlag bedeutet, dass ein Pferd auf alle vier Hufe Eisen bekommt. So hatte der Schmied die vier genannt: Jana, Alberta, Theres und Felix - weil sie immer zusammen waren, immer in dieselbe Richtung liefen, wie die vier Hufe von einem einzigen Pferd - das war nun vorbei.
Als Jana in ihr Zimmer ging, hatte sie kaum etwas gegessen. So langsam hatte sie sich noch nie umgezogen. Und dann trat sie auch noch ans Fenster und schaute hinüber zur anderen Straßenseite. Frau Rohner fuhr gerade das Auto aus der Garage, Theres stieg ein, sie trug ihre Reithose, die heute Askans Sattel nicht berühren würde. Sie öffnete die Heckklappe und ließ Barana einsteigen.
Bald hat die nicht nur so eine tolle Hündin, sondern auch ein Pferd, dachte Jana und verbesserte sich: Pony.
Barana war ein Hund mit einem Fell wie ein Pferd: fuchsfarben, glänzend und glatt, ein Vizsla, ein ungarischer Jagdhund, wahrhaftig eine Rasse, von der nicht an jeder zweiten Laterne einer pinkelte.

Theres sah sich um, blickte herüber zu Janas Fenster. Die verbarg sich hinter dem bunten Fensterbild. Das klebte da schon seit einem halben Jahr, obwohl es kein Pferd darstellte. Fabian hatte es ihr zu ihrem 13. Geburtstag gemalt, und eigentlich sollte es ein Porträt von Jana sein. Aber Fabian war erst sieben, es war ihm nur zum Teil geglückt, es sah eher aus wie ein Clownsgesicht, aber es lachte, es klebte immer lachend an Janas Fenster und bis vor Kurzem hatte Jana Immerglück auch gelacht.
Frau Rohner fuhr langsam an, nicht schneller als 30 km/h.
Die gehen und kaufen ein Pferd, dachte Jana.
Nicht dass sie neidisch war! Nicht das kleinste bisschen. Sie hatte lieber einen halben Askan als einen ganzen Isländer, auch wenn die andere Hälfte von Askan noch immer im Reitschulbetrieb ... Um Himmels willen, sie musste schleunigst zum Stall und verhindern, dass jemand den Nasenriemen zu fest zuzog.

Als sie das Rad am Ulmenhof abstellte, kamen ihr die beiden schönsten Pferde des Reitstalls entgegen: die braune Trakehnerstute Dolly, das Spitzenpferd des Stallbesitzers Grohne-Wilte, und der weiße Araberhengst El Sham. Felix durfte Dolly regelmäßig bewegen, aber nicht allein ins Gelände gehen.
«Hat Bettina schon Pferde eingeteilt?», rief Jana ihm entgegen.
«Ich weiß nicht. Kannst du mir beim Nachgurten helfen?»
Viele beneideten Felix darum, dass er das Superpferd reiten durfte, aber eine leichte Aufgabe war es nicht. Er durfte nicht den kleinsten Fehler machen. Nie. Jana half Felix, den

Sattelgurt enger zu schnallen. Dann ging sie in den Stall und auf das nächste Ärgernis zu. Natalie stand in Askans Box und prüfte gerade die Steigbügel. Ausgerechnet Natalie. Die lief dem Rundumbeschlag immer nach. Wahrscheinlich war sie hinter Felix her. Sie war das fünfte Eisen am Rundumbeschlag, das ‹Ersatzeisen›, das kein Pferd brauchte, und Jana konnte sie nicht leiden. Askan schnaubte und streckte ihr den Kopf entgegen. Sie streichelte seine Nüstern. Wortlos schob sie den Finger unter den Nasenriemen. Das war nicht zu eng, dagegen war nichts einzuwenden.

«Wehe, du ziehst am Zügel», zischte sie.

Natalie antwortete nicht. Jana strich über Askans Goldfuchsfell. Ordentlich geputzt war er auch. Sie wollte seinen rechten Hinterfuß heben, da war er ein wenig empfindlich, und tatsächlich, er gab ihn nicht, konnte er auch nicht, denn Natalie kratzte gerade den linken Vorderhuf aus. Jana wartete. Dann hob sie den Hinterhuf. Sauber. Hatte Natalie es wirklich geschafft, den rechten Hinterhuf zu heben? Gerade zupfte sie an Askans Mähne und schaute Jana nicht an, als sie sagte:

«Meine Eltern haben versprochen, ich kriege eine Reitbeteiligung.»

Was geht das mich an, dachte Jana.

«Grohne-Wilte und Bettina haben beide gesagt, ich sollte die zweite Hälfte von Askan haben. Theres will ihn ja nicht mehr.»

So! Das hatte Jana noch gefehlt. Mit jedem würde sie sich Askan lieber teilen als mit Natalie.

«Nein!», sagte sie. Aber darüber hatte sie natürlich nicht zu bestimmen.

«Ich kann auch Smart haben, aber dann haben wir beide Pferde, die halb im Schulbetrieb gehen.»
«Ich kann dich nicht leiden», sagte Jana.
«Ich weiß», sagte Natalie. «Aber ich weiß nicht warum.»
«Ich auch nicht», knurrte Jana und ging aus dem Stall.
Sie wollte lieber gar nicht zuschauen, wie Natalie Askan ritt.
Der offene Reitplatz war in den letzten Tagen verregnet, Bettina gab die Reitstunde in der Halle. Jana setzte sich draußen auf eine Bank und versuchte, ihre Gedanken zu sortieren.
Askan mit Natalie teilen? Das würde bedeuten: Zwei Freundinnen in der Schule haben und mit denen nicht über dieselben Pferde reden können - wenn man Alberta und Theres überhaupt noch als Freundinnen bezeichnen konnte. Und hier mit einer Nicht-Freundin ein Pferd teilen. Natalie war nicht in ihrer Schule.
Warum mag ich sie eigentlich nicht?, dachte Jana.
Ob sie sich daran gewöhnen könnte, Natalie zu mögen? Eigentlich tat die ihr nichts. Und wenn sie versuchte herauszufinden, warum sie Natalie nicht leiden mochte, fiel ihr nichts ein. Allerdings – wenn sie darüber nachdachte, warum sie Theres und Alberta so gern hatte, fiel ihr auch nichts ein. Es war eben so. Was kann man da machen?
Ich kann Natalie nicht leiden, weil ..., dachte Jana. Das ging in ihrem Kopf herum wie die Aufsatzthemen vom Vormittag. Und wieder suchte sie nur die Argumente dagegen: Weil sie so aufdringlich ist! Uns dauernd irgendwas fragt. Meist Alberta. Warum eigentlich Alberta? Vielleicht weil Felix auf Alberta fliegt, die merkt es nicht, aber ich seh das, und Natalie ist hinter Felix her, und wenn Alberta hier weg ist, dann

hauen vielleicht Felix und Natalie zusammen ab, reiten aus mit Dolly und Askan und ich –

Es war zum Heulen. Das war kein normaler Zustand für Jana Immerglück.

Als sie ins Reiterstüble hinaufging, war die Stunde unten in der Halle gerade zu Ende. Sie hörte Bettinas laute Stimme: «Das war ziemlich gut, Natalie! Mit Askan hättet ihr ein Pferd, mit dem ihr richtig was machen könntet. Ich meine turniermäßig. Er kann ja alles. Er ist nur alt und hat es verdient, dass ihn keine Anfänger mehr plagen. Also einige dich mit Jana. Theres können wir ja wohl vergessen.»

Das machte lauter böse Bisse in Janas Herz. Sie wollte schreien und Theres verteidigen. Aber wie denn?

Grohne-Wilte, der Stallbesitzer, saß im Reiterstüble und schrieb etwas auf.

«Wart's mal ab», sagte er zu Jana. «So schnell schießen die Preußen nicht. Natalie kann auch den Smart haben und du teilst Askan doch mit Theres. Diese Ponys sind noch lange nicht hier. Ich hab ein paar Freunde im Stadtrat. Die werden sicher gegen den Bauantrag auf noch eine Reitanlage stimmen. Was wir brauchen, sind ein paar gute Argumente.»

«Hab ich!», schrie Jana, flitzte zu Grohne-Wiltes Tisch und sprudelte ihren ganzen Aufsatz – der nur ein halber war – von diesem Vormittag heraus. Noch nie hatte sie etwas, das sie in der Schule gelernt hatte, so schnell im wirklichen Leben gebrauchen können.

«Du bist ja richtig gut», lobte Grohne-Wilte. «Du bringst Gründe, auf die ich nicht gekommen wäre. Hört mal: ‹Schlagzeile: 136 Hufe zu viel! Eine zweite Reitschule in einer solch kleinen Stadt wird zu einer Spaltung der Jugend

führen. Es wird zu einem Konkurrenzkampf unter den Jugendlichen kommen. Uneinigkeit und Streit sind die Folge.› Sie hat das journalistische Talent von ihrem Vater geerbt.»
Felix kam und hatte wieder dieses Gesicht, das aussah, als hätte man ihn einmal ganz in eine Wanne voll mit Glück getaucht. Dolly im Gelände reiten war so ziemlich das Wundervollste, das man sich vorstellen konnte. Er setzte sich erst einmal nur hin und planschte in seiner Glückswanne. Viel Zeit blieb ihm dazu nicht. Bettina kam. Es war ihre Aufgabe, Dolly auszubilden, und Felix musste seine Gedanken sammeln und berichten: Nein, ich bin nicht gesprungen, kein Jagdgalopp, ruhiger Canter, ist kein Problem, wenn Rena mit Sham mitreitet, die hat ihr Pferd ja im Griff, nein, sie ist mir nicht gegen die Hand gegangen, das Martingal hing durch, die ganze Zeit, Ehrenwort …
Und danach konnte Felix' Gesicht das Glücksgefühl nicht so vollständig wiederfinden. Je besser Dolly sich entwickelte, umso sicherer war es, dass sie bald sehr teuer verkauft würde.
Jana schaute aus dem Fenster und sah Frau Rohners Wagen auf dem Parkplatz halten. Theres und Alberta stiegen aus. Sie öffneten rasch die Heckklappe. Barana sprang neben ihnen her. Frau Rohner wartete. Jana hörte Schritte im Treppenhaus, Theres riss die Tür auf und rief: «Robert, kannst du mich heute Abend zurückfahren?»
«Nein», sagte Robert, «ich muss noch …»
«Danke!», schrie Theres und verschwand. Alberta blieb.
Jana wusste, was das bedeutete. Sie kannte den Trick. Theres wollte bleiben und hatte kein Fahrrad am Stall. Sie würde jetzt ihrer Mutter versichern, dass Robert sie bis

zum Domplatz mitnehmen würde. Denn dass sie auf Janas Gepäckträger die Straßen hinunter zum See sauste, durfte Frau Rohner nicht wissen.
Und du denkst, ich nehm dich mit, knurrte Jana in Gedanken.
Theres und Alberta erzählten ihr nichts. Sie suchten ihren Blick, aber Jana drehte den Kopf weg. Nur Barana kam, legte ihr den schmalen Hundekopf aufs Knie und schaute sie genauso traurig an, wie sie selber war.
Die ist wenigstens traurig, dachte Jana. Es würde mir ein bisschen, ein ganz kleines bisschen besser gehen, wenn Theres und Alberta wenigstens traurig wären, weil wir uns trennen werden. Aber Menschen sind treulos. Nur Hunde sind treu. Und Pferde.
Der Rest des Nachmittags war ziemlich unerfreulich. Bettina schnauzte Theres und Alberta an: Was sie denn hier überhaupt noch wollten ...
Theres hätte so gern gesagt, welche Pferde sie Probe geritten hatte, aber das wollte hier niemand hören.
Alberta hätte so gern erzählt, was für einen Offenstall die Isländer hatten, wie sie aus und ein gehen konnten, wenn sie wollten, keine Boxen, keine Käfigpferde, aber das wollte hier erst recht niemand hören.
Natalie wollte mit Jana über Askan reden, und das wollte Jana nicht hören.
Grohne-Wilte las seine Argumente gegen den anderen Reitstall vor. Theres starrte Jana an, und beide wussten voneinander, dass sie an den Aufsatz vom Morgen dachten.
Felix hätte viel lieber berichtet, dass Dolly sehr schlecht gegangen wäre und so bald nicht verkauft werden konnte,

aber das war natürlich völliger Blödsinn. Und Jana hätte am liebsten – am liebsten – am liebsten – Theres und Alberta in den Arm genommen und so lange gedrückt, bis das alles nicht mehr wahr wäre.
Aber es war alles wahr und wirklich, und niemand wusste, wie es weitergehen sollte. Barana ging immer zwischen Jana und Felix in der einen Ecke und Theres und Alberta in der anderen hin und her, fiepte manchmal leise und hatte ein blaues Faltblatt im Maul. Immer wenn Barana aufgeregt war, musste sie etwas im Maul haben und herumschleppen. Auf dem Faltblatt war ein Pferd, das seine Beine in einer Fußfolge hielt, die man auf dem Ulmenhof niemals sah: ein töltender Isländer. Jana las: «Rappenhof ...» und dann nicht weiter. Das gehörte am allerwenigsten hierher.
Und später stand Theres tatsächlich neben Janas Rad und wollte mitgenommen werden. Jana schob ihr den Gepäckträger hin und sagte:
«Aber klemm dich nicht fest.»
Und Theres rutschte heraus: «Das hat Isa heute auch gesagt.»
«Wer? Was?»
«Isa! Die vom Islandpferdehof. Dass ich mich nicht festklemmen soll. Mit den Beinen. Das mögen Islandpferde nicht. Dann sind sie weg wie ein Strich.»
Darauf sagte Jana nichts mehr und schwang sich aufs Rad. Theres fasste ihre Schultern und schob ihr Kinn dicht neben Janas Ohr.
«Es tut mir so leid, Jana», flüsterte sie. «Es tut mir so furchtbar leid, aber ...»
Kein aber! Jana trat in die Pedale und Theres wurde nach

hinten gerissen. Barana trabte neben ihnen her. Jana ließ das Rad in einem Tempo die Straßen hinuntersausen, dass Theres ihre Mutter nicht brauchte, um Angst zu verbreiten. Sie hielt sich fest.
«Nicht klemmen!», schrie Jana. «Sonst bin ich gleich weg wie ein Strich!»
«Vielleicht kann meine Mutter Askan kaufen», rief Theres. «Und ihr kommt zu uns in den Offenstall!»
Zu uns, hat sie gesagt! Zu uns! Und Askan von Dolly wegnehmen! Was für eine Idee! Askan und Dolly waren beste Freunde.
Sie weiß nicht, dachte Jana, sie weiß einfach nicht, was Freundschaft ist.
Sie bremste hart. Theres wurde gegen ihren Rücken geworfen.
«Du weißt, wie Askan an Dolly hängt – und sie an ihm – du weißt es doch …»
«Aber Dolly wird verkauft. Im nächsten Frühjahr verkauft Grohne-Wilte sie.»
Jana winkte heftig. Sie hatte ein Auto erkannt. Weiter unten hielt der weiße Panda von Georg. Georg hatte im Sommer an ihrer Schule sein Abitur gemacht. Er wollte Journalist werden und arbeitete als Volontär bei Janas Vater in der Lokalredaktion.
«Georg!», schrie Jana. «Fährst du zur Zeitung? Nimmst du mich mit?»
Er winkte.
Jana stieg vom Rad und hielt Theres den Lenker hin.
«Hier», sagte sie, «fahr nach Hause. Aber stell es in unseren Garten. Ich will morgen damit zum Stall fahren. Mich bringt

schließlich niemand mit dem Auto zu irgendeinem Schimmelhof.»
Sie schauten sich an, Theres traurig, Jana wütend. Sie war so wütend, dass sie Theres' traurige Augen gar nicht bemerkte. Noch konnte Jana wütend sein. Und wenn ihr jemand gesagt hätte, dass alles noch viel schlimmer würde, so schlimm, dass auch sie nicht mehr wütend, nur noch traurig traurig traurig wäre – sie hätte es nicht geglaubt.
«Rappenhof», flüsterte Theres, «Rappenhof.»

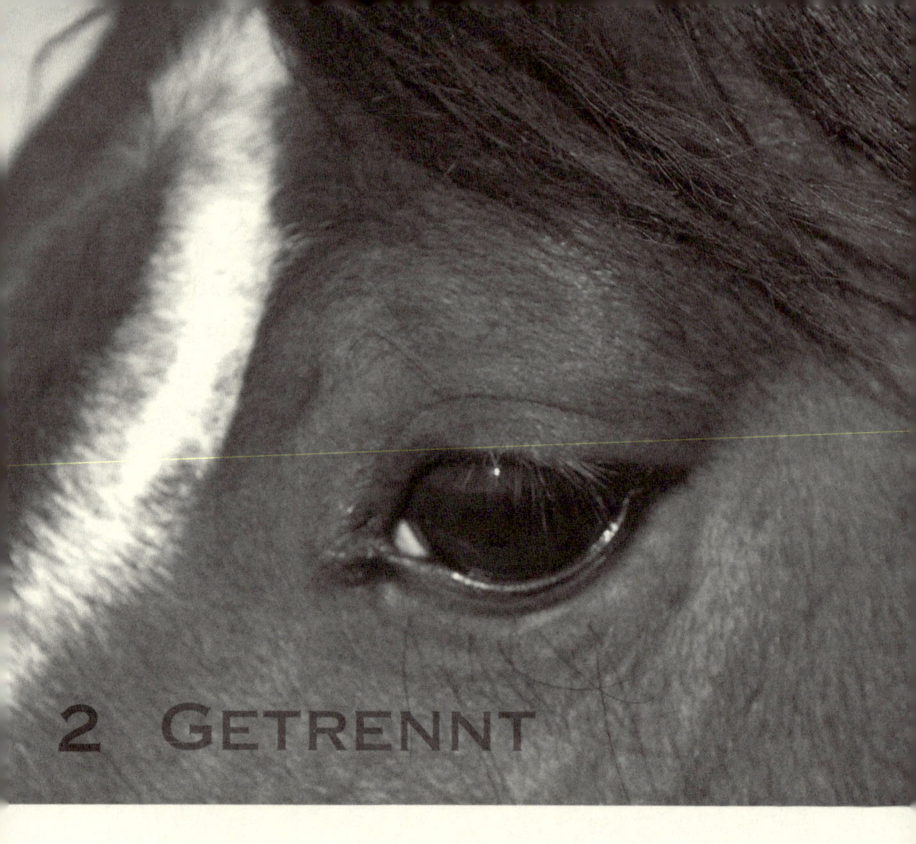

2 Getrennt

«Ich soll hinten sitzen und mich anschnallen», sagte Theres. Das konnte nur ein Befehl von ihrer Mutter sein. Als ob Bettina nicht Auto fahren könnte! Außerdem war es zunächst einmal gar nicht sicher, ob Bettina Theres überhaupt mitnehmen würde.

«Ihr?», sagte sie zu Theres und Alberta. «Was wollt ihr da? Ihr wollt dahin. Das ist mir klar. Aber aus einem völlig anderen Grund als wir. Also seht zu, dass ihr auf eine völlig andere Weise dahin kommt.»

Grohne-Wilte war schon vorausgefahren und hatte ein paar Stadträte abgeholt. Sie wollten das Gelände anschauen, auf dem die Reitschule mit Islandpferden entstehen sollte.

«Vielleicht ist das ja ungeeignet. Vielleicht verträgt die

Gegend da gar nicht so einen großen Betrieb. Das kann man nur vor Ort beurteilen.»
Robert wollte auch mitkommen. Er saß mit Maren schon in seinem Auto. Die kurbelte die Scheibe runter und rief: «Wir nehmen euch auch nicht mit!»
Und dann war da noch Andreas.
«Was ist mit dir?», fragte Bettina.
«Wir bleiben hier», antwortete Rena für ihn. «Leute vergraulen gehört nicht zu unserer Freizeitbeschäftigung.»
Bettina schaute nur Andreas an.
«Und du lässt jetzt deine Freundin das alles bestimmen?»
Andreas zuckte die Achseln und sagte: «Mich mit dir rumärgern gehört nicht zu meiner Freizeitbeschäftigung.»
Das hatte er auch wirklich nicht nötig. Er war Mitte zwanzig, Student, sein Vater war reich, seine beiden Pferde waren die am weitesten ausgebildeten Dressurpferde im Stall, und für seine Freundin Rena hatte er den Araber El Sham gekauft.
«Alles nicht dein Thema, sehe ich ein», sagte Bettina, «du bist unabhängig, aber du könntest mal ein bisschen loyal sein und uns unterstützen, wenn uns hier das Wasser abgegraben wird.»
«Ihr übertreibt», sagte Rena. «Die sind am anderen Ende der Stadt. Das ist ziemlich weit weg. Die haben auch ein ganz anderes Publikum. Nichts mit Turniersport und so.»
«Aber auf einmal wollen dann alle diese superbequemen Humpelponys reiten», schimpfte Bettina.
«Hast du schon mal einen Isländer geritten?», fragte Rena.
«Ich kann es mir gerade noch verkneifen.»
«Aber ich! Es sind fantastische Pferde.»

Natürlich, niemand wunderte sich, dass Rena auch schon mal einen Isländer geritten hatte. Sie ritt den Araber im Westernsattel und war damit sowieso der bunte Hund am Stall.
«Umso schlimmer», schimpfte Bettina. «Dann wollen die ganzen reiterlichen Dünnbrettbohrer fantastische, aber bequeme Pferde.»
«Und du bist froh, dass du die Dünnbrettbohrer endlich los bist. Du schimpfst doch immer so über die.»
«Wir leben davon!», schrie Bettina. «Für mich ist das keine Freizeitbeschäftigung. Also – Jana und Felix fahren mit mir. Ich hab noch Platz – Natalie?»
Natalie schaute einen Augenblick an ihr vorbei, dann schüttelte sie den Kopf und sagte: «Ich will nicht.» Ohne jemanden anzusehen.
Ah, dachte Jana, typisch Natalie. Die legt sich nicht fest. Die schleimt sich immer bei allen ein. Darum kann ich sie nicht leiden.
Bettina empfand das offenbar nicht als Einschleimen. Sie starrte Natalie verblüfft an, drehte sich abrupt um und stieg ins Auto.
«Dann können Theres und Alberta doch mit?!», sagte Felix.
Bettina antwortete nicht, aber sie wartete, bis der komplette Rundumbeschlag eingestiegen war.
Sie fuhren also noch einmal in dieselbe Richtung, aber nicht mit derselben Absicht. Nur auf dem Weg dahin waren ihre Gedanken gleich:
Wie weit ist es?
Wie ist die Strecke?
Werden wir von dem einen Stall zu dem anderen reiten können?

Werden wir uns wenigstens beim Ausreiten treffen können?
Als sie ein Stück über die Bundesstraße fuhren, waren all diese Hoffnungen zu Ende. Die überlastete Straße trennte den östlichen Teil der Stadt vom westlichen, trennte auch die Erholungsgebiete. Jana, die vorn saß, fragte: «Kommt man irgendwie über diese Straße?»
«Du meinst mit Pferden?» Bettina grinste sauer. «Es gibt eine Unterführung. Geht mal mit Dolly und Askan unter so einer Straße durch. Das macht ihr nur einmal. Und wenn ihr wirklich durchkommt, kommt ihr nie wieder zurück.»
Bettina parkte ihren Wagen neben dem Landrover von Grohne-Wilte. Hier also sollte es sein: eine hügelige Hochebene im Hinterland, kein Seeblick, sonst hätte der Bauer wohl eher Ferienwohnungen gebaut, ein altes Bauernhaus mit Stall unter demselben Dach, eine Scheune für Heu und Stroh und eine große Maschinenhalle, die Basis für die zukünftige Reithalle.
Sie schauten über das Gelände.
Alberta sah, wo die Islandpferde nun bald in ihrem Offenstall aus und ein gehen würden, auf ihrem Paddock spielen, auf ihren Weiden grasen …
Theres sah, wohin sie nun bald mit ihrem Pferd – sie wusste noch nicht welches – ausreiten konnte, im Schritt, im Trab, im Galopp – und im Tölt!
Und Jana sah, wohin sie nun bald ihre Freundinnen verlieren würde.
Grohne-Wilte diskutierte mit den Stadträten vor allem die Zufahrtswege.
«Fast vierzig Pferde», sagte er, «Sie müssen sich vorstellen, die kommen mit nahezu vierzig Pferden. Jedes wird so ziemlich

jeden Tag geritten, die Schulpferde sicher mindestens zweimal. Mütter bringen die Kinder, fahren zurück, holen sie wieder ab, rechnen Sie das aus, es werden im Schnitt täglich hundert Fahrzeuge an- und abfahren, und das alles über diesen schmalen, kaum befestigten Weg. Der ist eigentlich überhaupt nicht für Begegnungsverkehr gedacht.»

Einer der Stadträte machte Notizen.

«Man kann ausbauen», überlegte ein anderer, «aber nur bis da vorn am Ortsrand. Den Engpass zwischen den Häusern kann man nicht erweitern.»

Die Mädchen lauschten. Das alles waren Argumente, die in ihren Aufsätzen fehlten, sogar in dem von Jana. Während Janas Hoffnung stieg, wurde Theres' und Albertas Stimmung immer schlechter.

Auf der Wiese lagen folienverschweißte Heuballen. Auf einem wurde ein Stadt- und Umgebungsplan ausgebreitet. Es gelang Felix, sich dicht heranzudrängen. Die Mädchen mussten warten. Bettina ging schließlich als Erste an ihnen vorbei, grinste Theres an und sagte: «Du hast schlechte Karten.»

Felix erklärte: «Ist völlig klar, dass die über den Hügel reiten wollen, sodass man den See sieht, wollen doch alle. Und da sind die ganzen Spazierwege für die Touris. Lauter Ferienwohnungen und Hotels. Die mögen meist keine Pferde.»

Sie verließen den Ort mit der Versicherung der Stadträte, dass sie gegen den Bauantrag stimmen würden. Jana bemühte sich, nicht zu jubeln. Grohne-Wilte ging an Theres vorbei, sah ihr Gesicht, blieb stehen.

«Muss es denn unbedingt ein Islandpferd sein?», fragte er.

«Ich krieg kein anderes», sagte Theres. «Islandpferde sind

eben viel zuverlässiger. Bei allen anderen hat meine Mutter Angst.»
«Und Askan? Die Reitbeteiligung hat deine Mutter dir doch versprochen.»
«Ich will ein eigenes Pferd.»
«Dann kauf einen Isländer und stell ihn zu uns. Wir bauen ihm einen Stall mit Auslauf.»
«Ein Isländer allein geht nicht. Das machen Isa und Sven nicht.»
«Heißen die so? Du scheinst sie schon gut zu kennen. Könnt ihr nicht zwei Ponys kaufen? Geld genug habt ihr doch.»
«Das machen Isa und Sven auch nicht. Weil die anders geritten werden müssen. Und das kann ich noch nicht. Sie verkaufen uns nur dann ein Pferd, wenn es wie ein Isländer leben kann.»
«Verrückte!» Grohne-Wilte schüttelte den Kopf. «Wenn mir jemand ein Pferd bezahlt, verkauf ich es doch.»
Jana sah Felix zusammenzucken. Seine einzige Chance, Dolly noch eine Weile zu behalten, war, dass niemand sie bezahlen konnte. Grohne-Wilte verlangte einen Wahnsinnspreis, und den würde er nur bekommen, wenn Dolly alle ihre Fähigkeiten zeigte. Das aber konnte sie ausschließlich auf einem Vielseitigkeitsturnier und in diesem Jahr gab es in der Nähe keines mehr.
«Ich verstehe Theres schon», flüsterte Felix Jana zu. «Nur ein eigenes Pferd hast du sicher.»
Das hatte Jana inzwischen auch gemerkt. Askan mit Natalie zu teilen, das wäre ein täglicher Ärger.
Als sie zurückfuhren, war Bettina einigermaßen gut gelaunt und sonst niemand. Jana hatte zwar eine neue Hoffnung und

einen Grund, sich zu freuen, aber sie war in Bettinas Auto auf dem Rücksitz zwischen Alberta und Theres geraten, und da klappte es mit der Freude nicht so richtig.

Doch am nächsten Tag hatte sie Grund, sich zu freuen.
Bettina teilte Pferde ein:
«Theres! Askan!»
Theres warf Jana einen verwunderten Blick zu. Sie hatte darum gebeten, die ausgefallene Reitstunde auf den Mittwoch zu verschieben. Wer so etwas für einen Zahnarzttermin tat oder für eine Schulveranstaltung, konnte noch mit Bettinas Mitgefühl rechnen. Wer so leichtsinnig war, am Reitstundentag Geburtstag zu haben, durfte beim nächsten Mal kaum auf sein Lieblingspferd hoffen. Wer aber eine Reitstunde absagte, um in einem anderen Stall Pferde Probe zu reiten, musste sich eigentlich darauf einstellen, das Lieblingspferd ein halbes Jahr lang nur noch streicheln zu können. Und nun gab Bettina ihr Askan.
«Hilfst du mir satteln?», fragte sie Jana.
Sie brauchte keine Hilfe, aber sie wollte etwas mit Jana zusammen machen.
Und dann hörten sie Bettina rufen.
«Keine Ausbinder! Wir reiten aus. Und ich nehme den kompletten Rundumbeschlag mit!»
Jana fiel der Unterkiefer herunter, und Alberta kippte fast von der Bank. Hatte Bettina gesagt: den ‹kompletten Rundumbeschlag›? Also auch Alberta? Aber die konnte doch nur voltigieren. Das allerdings ausgezeichnet. Manchmal durfte sie ein Pferd von den Privatleuten trockenreiten, und wenn sie großes Glück hatte, ein paar Runden am langen Zügel

traben. Sie hatte nur einmal eine Longenstunde gehabt, noch keine einzige richtige Reitstunde. Und dann gleich ins Gelände?

«Ja, ihr habt richtig gehört», sagte Bettina. «Alberta bekommt den Bilbo. Der läuft so brav mit, das ist draußen noch leichter als in der Halle. Und sitzen kannst du ja. Vorwärts, rückwärts, seitwärts. Und leichttraben auch. Ist kein Problem.»

Rena brachte ihren Araber zum Putzplatz.

«Du bist verrückt», sagte sie.

So etwas hatte Bettina nicht gern.

«Ich weiß, was ich tue», zischte sie Rena an. «Ich kenne Bilbo.»

«Glaub ich dir», erwiderte Rena. «Aber wann war er das letzte Mal im Gelände?»

Jana versuchte sich zu erinnern. Bilbo war als Anfängerpferd so ausgelastet, dass er selten rauskam.

«Ich nehme Arkansas», sagte Bettina, «dann kann Bilbo hinter mir gehen. Bleibt noch Jana.»

Dass Felix Dolly bekam, war klar.

Die übrigen sechs Schulpferde brauchte Bettina alle für die Reitschüler, denn dies war ja eigentlich eine ganz normale Reitstunde.

«Zu dumm», sagte Bettina, «ich hätte nicht gedacht, dass du ein Problem bist.»

«Ist sie auch nicht!» Maren kam gerade aus der Stalltür. «Sie kann Schimmel haben.»

Marens großer Halbblüter hieß nicht Schimmel, aber niemand konnte sich seinen Namen merken. Fremde standen buchstabierend vor seiner Stalltür:

«A - t- a- h - u - a - l - p - a ... Atahualpa? Was ist das?»

«Ein Inkafürst.» Mehr wusste Maren auch nicht.
«Schafft sie den?», fragte Bettina.
Warum machen die das?, fragte sich Jana.
Weder Bettina noch Maren war in letzter Zeit freundlich zu ihnen gewesen.
Und Jana verstand: Sie wollen, dass wir zusammenbleiben. Und das will ich auch.
«Klar schaffe ich das», sagte sie. «Danke, Maren. Er läuft doch einfach mit. Oder?»
Ein bisschen unheimlich war das schon.
«Er ist gar nicht so schwierig», versicherte Maren. «Hast du ihn beim vorletzten Turnier gesehen? Wie er da über den Parcours ging?»
Weil du ihn gedopt hattest, dachte Jana.
Aber Maren ahnte nicht, dass sie das wusste.
«Wir galoppieren nicht viel», versicherte Bettina. «Ich hab da noch mehr Anfänger außer Alberta. Wenn Schimmel sich nicht zu heiß läuft, ist er kein Problem. Und ich hab kein Pferd in der Gruppe, das durchgeht.»
Maren half Jana satteln und verstellte ihr das Martingal. Die Zügel liefen nun so durch die kleinen Ringe des Martingals, dass sie nach unten gezogen wurden.
«Ist das nicht zu kurz?», fragte Jana.
«Du musst ja nicht dran ziehen. Notbremse. Ihr sollt einen tollen Ausritt haben, damit ihr mal wieder richtig merkt, wie schön es hier ist.»
Und heute Abend, dachte Jana, tagt der Stadtrat. Und wenn die gegen den Bauantrag der Islandleute stimmen, ist alles wieder in Ordnung.
Aber es gab noch ein Problem, mit dem niemand gerechnet

hatte. Alberta hatte fünf Reitkappen aus der Sattelkammer geholt und versuchte ihren Zopf unter den Hut zu quetschen. Das war hoffnungslos. Mit wehendem Zopf jedoch ließ Bettina niemanden durchs Gelände reiten. Zu leicht konnten die Haare an einem Ast hängen bleiben.

Alberta fand die Lösung. Sie schob den Zopf in ihr T-Shirt.

«Geht es so?»

Bettina nickte und lachte.

«Kitzelt das nicht?»

«Macht nichts. Wenn du mich öfter reiten lässt, schneid ich ihn ab.»

Einen Augenblick stand Jana ratlos vor dem riesigen Apfelschimmel. Sie erreichte den Steigbügel nicht und wollte ihn zum Aufsitzen länger schnallen, da fasste Maren nach ihrem linken Unterschenkel und warf sie aufs Pferd.

«Das ist er gewöhnt. Macht Robert mit mir auch immer.»

Rena hatte Sham inzwischen fertig gerichtet mit dem Westernsattel.

«Darf ich mitkommen?», fragte sie.

Bettina starrte sie an.

«Ich denke, jemand, der Bilbo zur Not als Handpferd nehmen kann, würde nicht schaden», meinte Rena.

«Ich glaube, du bist hier verrückt», sagte Bettina. «Ich kann keinen Hengst in der Gruppe brauchen.»

Sham war der einzige Hengst auf dem Ulmenhof, hatte aber noch nie Schwierigkeiten gemacht.

«Es wäre mir recht, wenn du uns aus dem Weg gingst», verlangte Bettina.

«Also gut. Welchen Weg geht ihr?»

«Über die Höhe. Wir reiten viel Schritt. Da will ich die Aussicht auf den See. Dann links durch den Wald zurück.»
«Durch die Senke?»
«Natürlich. Glaubst du, ich geh mit denen auf den breiten Galoppweg?»
«Dann reite ich anders herum. Und ich habe den Galoppweg?»
Bettina nickte und trieb ihren Fuchs an die Spitze der Gruppe.
Leider konnte der Rundumbeschlag nicht nebeneinander reiten. Felix musste mit Dolly nach vorn neben Bettina. Die hatte mit Arkansas ihr sicherstes Berittpferd gewählt. Alberta kam mit Bilbo dahinter. Arkansas hatte noch nie geschlagen, es war nicht schlimm, wenn Bilbo zu dicht auflief. Askan und Theres liefen daneben, danach kamen die sechs Reitschüler, und Jana musste ganz an den Schluss, damit Schimmel niemanden schlagen konnte.
«Außerdem brauche ich dich als Lumpensammler!», rief Bettina ihr zu. «Pass auf, dass keiner zurückbleibt.»
Sie gingen lange Schritt, den Waldweg hinauf trabten sie ein wenig, und dann ein kurzer Galopp. Die Reiter freuten sich, und auf solchen Wegen werden die Pferde nicht zu schnell. Jana genoss die weiten Galoppsprünge des Halbblüters. So ein Pferd hatte sie noch nie geritten. Es würde der einzige Galopp sein, schade, mehr konnte Bettina nicht riskieren. Aber auf der Höhe hatten sie dann den weiten Blick über die Weinberge und den See – zu schön, um dabei noch traben zu müssen. Alle waren zufrieden, auch Jana, die spannendere Ausritte gewöhnt war. Sie waren zusammen, alle vier. Hin und wieder drehten Alberta und Theres sich um

und winkten ihr zu. Felix nicht. Der riskierte nicht den geringsten Fehler, wenn er Dolly neben Bettina ritt. Jana ließ glücklich den weiten langen Schritt des großen Wallachs durch ihren Körper fließen. Manchmal musste sie ein paar Bummler antreiben, ihren Schimmel nie.
Noch einen letzten Blick über den See. Warum fiel es schwer, davon Abschied zu nehmen? Sie alle kannten den See, die Weinberge am Hang, die Segel auf dem Wasser, die schneebedeckten Gipfel in der Ferne – das alles sahen sie doch fast täglich –, warum war es vom Pferd aus so viel, so ungeheuer viel schöner?
Der Reiter ist der Sonne näher, dachte Jana.
Das hatte sie von Bettina. Immer wenn Bettina gut drauf war, sagte sie: «Der Reiter ist der Sonne näher.»
Und dann nach links in den Wald, in die Senke.
«Also», rief Bettina, «alle denken daran: Beim Abwärtsreiten leicht machen und nach hinten lehnen. Haltet den Körper so, wie die Bäume gewachsen sind. Das ist schon alles. Es geht nur ein kurzes Stück etwas steil hinunter. Sieht schlimmer aus, als es ist. Die Pferde kennen das. Verlasst euch drauf.»
Arkansas machte das brav, Dolly, das geübte Vielseitigkeitspferd sogar mit Vergnügen, die Schulpferde folgten, Bilbo rutschte Arkansas einmal dicht auf die Kruppe, aber der schlug ja nicht, und schon waren sie unten.
Bis auf Jana.
Schimmels Vorderhufe trippelten an der Kante des Abhangs.
«Betti!», rief Jana. «Halt!»
Bettina hatte sich schon umgedreht, um ihre Gruppe zu kontrollieren.

«Lass ihm die Zügel», sagte sie. «Fass in den Sattel, falls er springt. Und treib ihn gerade auf den Hang zu, pass auf, dass er nicht schräg geht, sonst rutscht er. Er kommt schon. Er will nicht allein bleiben.»
Damit hatte sie recht. Maren konnte niemals allein ausreiten, und jedes Mal, wenn sie beim Turnier vom Abreiteplatz in den Parcours einreiten wollte, musste sie kämpfen, damit sie ihr Pferd von den anderen weg bekam.
Schimmel stieg und schlug aus, er wieherte, er schrie nach den anderen Pferden, Jana klopfte ihm die Fersen in Seiten, Schimmel machte einen Satz nach vorn, kam mit den Hufen auf die Schräge, stieg, drehte sich, trat auf der Stelle.
«Soll ich absteigen und ihn führen?» Jana fühlte sich nicht mehr wohl im Sattel.
«Nein! Bloß nicht!», schrie Bettina. «Das nützt er aus und haut ab. Das hab ich schon erlebt mit dem blöden Vieh. Er lässt sich dann nicht wieder greifen. Warte!»
Bettina ließ Arkansas den Hügel wieder hinaufgehen. Sie stellte ihn parallel neben Schimmel, aber nicht zu nah.
«Hör genau zu. Schnall den rechten Bügel zwei Loch länger und den linken fünf. Sonst komm ich nicht schnell genug rauf.»
Sie sprang von Arkansas.
«Hast du? Gut. Jetzt sitzt du ab, aber nach rechts. Lass die Zügel nicht los.»
Jana ließ sich rechts an Schimmel hinuntergleiten, und sofort saß Bettina im Sattel.
«Nimm den Arkansas. Sitz auf und verstell dir die Bügel. Zwei Loch kürzer.»
Was für ein Tag! Jana fing an, die Ereignisse in ihrem Kopf an

eine andere Stelle zu schieben, auf einen Speicherplatz, wo sie später alles wieder aufrufen konnte. Zwei Privatpferde reiten bei einem Ausritt und keine Zeit, sich darüber zu freuen. Das musste gut gelagert werden, damit sie es später genießen konnte.

Bettina hatte den linken Bügel gekürzt und ritt Schimmel am langen Zügel hin und her. Jana beobachtete verblüfft, wie deutlich sich der Gesichtsausdruck des Wallachs änderte. Er spürte die Sicherheit einer erfahrenen Reiterin, schnaubte, streckte den Hals, seine Augen blickten klar und ruhig.

«Geh mit Arkansas voraus», verlangte Bettina. «Ich versuch's jetzt. Er braucht ein Führpferd. Geh langsam. Schau dich nicht um.»

Jana ließ Arkansas sehr vorsichtig den Hang hinuntergehen. Nur in Theres' Gesicht sah sie, was hinter ihr geschah. Deren Augen waren erst voller Zuversicht, dann zuckte der Schreck hindurch, Jana hörte Schimmel hinter sich schnauben, das war nicht das entspannende Abschnauben vor vorhin. Sie war unten, nun durfte sie zurückschauen. Sie sah Schimmel mit allen vier Beinen am Hang, aber er ging keinen Schritt weiter, er schlug mit dem Kopf, er versuchte zu steigen, das konnte er nicht mehr, die Ohren angelegt, Maul und Augen aufgerissen, sah er böse und gefährlich aus.

Aber Pferde sind nicht böse, dachte Jana und erkannte: Das ist Angst.

Nein, Pferde sind nicht böse, gefährlich werden können sie schon.

Schimmel warf seinen großen, knochigen Körper zur Seite, stand schräg am Hang, die Hinterhand rutschte ihm weg. Jana schaute in Bettinas Gesicht, das war angespannt, aber

ohne Ausdruck. Mit einem mächtigen Satz sprang Schimmel wieder auf die Höhe.
«Wie macht Maren das?», fragte Alberta.
«Ich glaube, die ist hier noch nie geritten», sagte Jana. «Die lässt ihn immer über den Galoppweg knattern.»
«Ich krieg ihn da nicht runter», rief Bettina ihnen zu. «Kommt wieder rauf. Dolly als Erste, Arkansas zuletzt.»
Dabei hatte niemand Probleme.
«Jana!»
Einen Augenblick hatte Jana gehofft, sie würde Arkansas behalten dürfen. Sie fühlte sich sehr viel wohler auf dem zuverlässigen Fuchs.
«Wir müssen über den Galoppweg gehen», sagte Bettina. «Es ist der einzige Weg zurück ohne starkes Gefälle. Wir werden Schritt gehen. Schaffst du das mit diesem Gaul?»
Jana zuckte die Achseln.
«Ich würd dir lieber Arkansas lassen, aber ich kann doch mit diesem Vieh nicht nach vorn. So wie der schlägt. Und ich kann auch nicht zwei Kids diese Gruppe führen lassen. Scheiße!»
Die beiden Kids waren wohl Jana und Felix.
Umsitzen war gar nicht so einfach. Jana musste Felix Arkansas geben, Bettina ritt Schimmel neben einen Baum, dass er nicht ausweichen konnte, saß ab und warf Jana hinauf.
So gingen sie im Schritt auf den breiten Galoppweg zu. Es war wie ein elektrisches Knistern in der Gruppe. Jana hielt die Zügel kurz. Trotzdem hingen sie durch. Schimmel nahm den Kopf weit nach unten, fast bis auf die Brust, er trippelte und tänzelte, Jana wusste, sie hatte keinen Einfluss mehr auf dieses Pferd. Auch die Schulpferde machten hasti-

ge unregelmäßige Schritte, keines blieb zurück, Jana musste niemanden mehr antreiben. Schritt gehen auf dieser Strecke waren sie nicht gewohnt, hier durften sie rennen. Jana schaute von hinten über die Gruppe, sie hatte das Gefühl, alle zehn Pferde auf einmal zu reiten, sie spürte jedes: Dolly schlug mit dem Schweif, Askans Kruppe scherte aus, er lief seitwärts, Smart rempelte Ringo – wenn nur einer, nur einer jetzt anfing zu traben, bloß zu traben – Bilbo sollte hinter Arkansas bleiben, aber Alberta kann ja nicht reiten und der Weg ist so breit, Bilbo schwenkt nach links, Smart prescht in die Lücke, die neben Askan entstanden ist, alles macht einen Ruck nach vorn, Schimmel kommt neben Perle und giftet sie an, er legt den Kopf schief, und schnappt mit tiefer Nase nach der Haflingerstute, Jana kann doch die Zügel nicht noch kürzer nehmen, die Gruppe ist ein Pulverfass, wenn jetzt ein Funken, nur ein Funken hineinfliegt –
Es zündet der, von dem niemand es erwartet: Bilbo galoppiert. Das ist für Alberta kein Problem, es ist auch noch kein Tempo, noch nicht. Bettina reagiert schnell und geschickt. Sie lässt Arkansas angaloppieren, lenkt ihn schräg vor Bilbo und drängt den zurück, sie ist wieder vorn, aber nun galoppieren alle, sie kann nur noch das Tempo drosseln, mehr nicht. Vielleicht wäre ihr das gelungen. Aber da kommt Schimmel. Und es ist nicht Angst, was ihn jetzt treibt. Die Strecke kennt er, hier darf er rennen, es gibt nichts, was er lieber tut, aber er braucht Platz, er will nie allein sein, er will andere Pferde um sich haben, aber nicht so dicht, er reißt Jana die Zügel aus den Händen und jagt nach vorn. Jana wird fast auf seinen Hals geworfen, denn Schimmel schlägt hoch aus, nach rechts, nach links, nach

rechts, sie kommen nach vorn, und – glaubt Jana – etwas knallt, aber sie hört keinen Schrei.
Also ein Pferd?, denkt sie. Er hat ein Pferd getroffen. Pferde schreien nicht. Oder Bettina. Die schreit auch nicht.
Aber sie ist immer noch vor ihr.
«Felix!», schreit sie. «Bleib neben Schimmel! Nach rechts ins Feld.»
Bettina lässt Schimmel nicht an Arkansas vorbei. Sie schneidet ihn von links, drängt ihn vom Weg ab, zwingt ihn zu einem Bogen über die Wiese, zieht den Bogen enger, bis Schimmel zitternd zwischen Arkansas und Dolly steht.
Sie schauen sich um. Kein Pferd ohne Reiter. Aber das ist nicht Albertas Gesicht. Sie sagt nichts. Sie hat ja auch nicht geschrien.
«Jemand verletzt?», fragt Bettina.
Niemand. Niemand?
«Alberta», sagt Theres, «Alberta, was hast du?»
Schimmel hat ihren Fuß getroffen. Und sie hat ja keinen Reitstiefel, einen festen hohen Schuh mit Absatz trägt sie am Stall, weil sie immer hofft, mal ein Pferd trockenreiten zu dürfen, das ist immerhin ein Schutz. Bettina hilft ihr vom Pferd, Felix hält Arkansas, Theres Bilbo, über den Galoppweg nähert sich ein Pferd.
Es sind Sham und Rena.
«Tu mal was dafür, dass du Medizin studieren darfst», sagt Bettina.
Rena schaut über die Gruppe.
«Lass eine absitzen und mein Pferd halten.»
«Michelle», sagt Bettina, «du sitzt ab, Laura kann Smart halten und du hältst den Sham.»

Rena untersucht Albertas Fuß.
«Nichts gebrochen», stellt sie fest. «Morgen kannst du wieder laufen.»
«Kann ich Rad fahren?», fragt Alberta.
«Jetzt musst du erst mal reiten, und das wird schwierig.»
«Ich muss dann aber irgendwie nach Hause.»
«Wir bringen dich heim.»
«Du kennst meinen Vater nicht. Das kann der nicht leiden, wenn du mit so was wie Andreas' Wagen vor dieses Haus fährst, in dem wir da wohnen. Mein Vater ist sehr stolz. In Kasachstan sind wir nicht so arm gewesen. Ich muss mit dem Rad heimfahren, sonst tobt er, und ich darf drei Wochen nicht zum Stall.»
«Jetzt denken wir erst mal darüber nach, wie wir dich überhaupt wieder zurück zum Stall kriegen. Was macht ihr eigentlich auf dem Galoppweg? Ihr wolltet doch durch die Senke.»
«Marens idiotischer Schimmel geht da nicht runter.»
Rena nickte und schaute auf Bilbo.
«Lass ihn absatteln», sagte sie, «ich glaube, das geht.»
Sie ging zu ihrem Hengst und löste den Gurt.
Bettina verstand: Rena wollte die Sättel tauschen, im Westernsattel würde Alberta sicherer sitzen.
«Also», schlug Rena vor, «ich nehme Bilbo als Handpferd und wir gehen durch die Senke zurück zum Stall.»
«Oder», sagte Bettina, «also ehrlich, ich möchte nicht mit der Gruppe noch mal auf den Galoppweg, ich kann Bilbo auch neben Arkansas nehmen. Du könntest mit Jana und dem Schimmel galoppieren. Wenn er rennen darf, ist er kein Problem. Nur schnell. Würdest du das machen?»

Rena schaute Jana an, grinste und sagte: «Eh, das wird nicht langweilig.»
Die beiden Pferde waren umgesattelt. Bettina hob Alberta wieder auf Bilbo. Die setzte sich im Westernsattel zurecht und sagte: «Das ist toll. Das ist so ein bisschen Schmerz wert.»
«Danke, Rena», sagte Bettina und ordnete ihre Gruppe. Und bevor sie sich trennten, rief sie: «He, ihr Schimmelreiter! Würdet ihr noch ein braunes Pferd mitnehmen?»
Sie schaute Felix an.
«Du musst wirklich nicht mit uns da runterkriechen. Ein bisschen Konditionstraining kann Dolly nicht schaden.»
«Wie – ähh – wie soll ich reiten?» Felix war verunsichert.
«Schnell», sagte Bettina. «Sonst sind die anderen weg.»
«Jagdgalopp?»
«Renngalopp. Lass sie knattern!»
Und so kamen Marens Schimmel, El Sham und Dolly auf den Galoppweg.
«Jetzt bin ich gespannt», sagte Rena, «wer von den dreien am schnellsten ist.»
Das wussten sie am Ende der Strecke immer noch nicht.
Der Weg war breit genug, dass sie nebeneinander gehen konnten. Endlich konnte Jana den gestreckten Galoppsprung des Halbblüters genießen. Keines der drei Pferde ging durch, auch nicht Marens Schimmel. Keines lief voraus, keines musste überholt werden, alle waren zufrieden mit dem Tempo. Jana spürte, Schimmel könnte noch schneller werden, wenn er wollte. Er wollte nicht. Und als die Pferde schließlich langsamer wurden, weil sie genug hatten von dem langen Galopp, konnte auch Jana ohne Kampf durchparieren.

Von nun an führte der Weg sacht abwärts. Im Schritt am langen Zügel gingen sie zurück zum Stall. Schimmel schnaubte, endlich war er locker, sein Kopf nickte in der Bewegung des Schreitens. Sie sprachen nicht. Sie schauten sich nur an, alle drei wie betrunken vom Rausch der Geschwindigkeit, und sie sahen den Stall schon von Weitem, als ein schlimmer Gedanke schmerzhaft durch Janas Kopf schoss: Was hat Bettina gewollt? Mit uns ausreiten, mit uns allen, uns zusammenhalten, den kompletten Rundumbeschlag. Und was geschieht? Wir werden getrennt.

3 Verseuchtes Gelände

Sie kamen fast gleichzeitig am Stall an. Bilbo lief brav neben Arkansas, und wer blass und verängstigt auf dem Pferd saß, das war nicht Alberta, sondern Theres.

Robert half Alberta vom Pferd und setzte sie auf die Bank. Sie nahm die geliehene Reitkappe ab und zog den Zopf aus dem T-Shirt.

«Das ist wirklich unangenehm», sagte sie und meinte den Zopf, an den Fuß dachte sie offenbar nicht.

«Aber mit wehendem Zopf kommt mir niemand aufs Pferd!», bestimmte Bettina.

«Ehrlich», sagte Alberta, «wenn du mir noch mal ein Pferd gibst, schneid ich ihn ab. Sag's mir nur zehn Minuten vorher.»

Albertas einziges Problem war, wie sie ihr Fahrrad nach Hause bekäme, ohne dass eines von den «Bonzenautos» vor ihrer Haustür hielt. Rena untersuchte den Fuß noch einmal und schlug vor:
«Wir fahren dich mit dem Rad im Auto bis auf die Höhe oberhalb von eurem Hof. Dann setzt du dich auf das Rad und lässt dich runterrollen. Das wird gehen. Wie du morgen in die Schule kommst, weiß ich nicht. Darfst du denn zu Hause humpeln?»
Ja, Alberta durfte humpeln und erzählen, dass ein Pferd sie getreten hatte, ohne dass ihr Vater diese Tiere für lebensgefährlich erklärte. So etwas machte immer nur Theres' Mutter, die allerdings vor «Bonzenautos» keine Angst hatte, sie hatte selber eins.

Für Jana war der Tag noch nicht zu Ende. Am Abend war die Gemeinderatssitzung, bei der über den Bauantrag für den Islandpferdehof beschlossen werden sollte. Ihr Vater hatte Georg hingeschickt, um den Artikel zu schreiben, und Jana erlaubt mitzugehen.
«Ich würd ja auch gern», sagte Grohne-Wilte, «aber wir bleiben da besser weg. Sieht sonst so aus, als wollten wir Einfluss nehmen auf die Entscheidung.»
«Wollen wir ja auch», sagte Bettina.
«Muss man aber nicht so deutlich machen. Jana wird uns morgen alles erzählen.»

Georg holte Jana mit seinem weißen Panda ab, und sie fuhren zum Rathaus. Die Sitzung war öffentlich. Der Bürgermeister und die Stadträte saßen an Tischen in einem großen

Viereck. Für Besucher standen Stühle an der Wand. Viele waren nicht gekommen. Jana glaubte Sven zu erkennen, den Inhaber des Islandpferdehofs. Sie hatte ihn beim letzten Turnier gesehen, wo er mit seinen Pferden und Reitern das Schaubild gezeigt hatte. Er war allein.

Die ersten Verhandlungspunkte der Sitzung waren für sie langweilig. In einem Stadtteil war das Wasser verunreinigt, ein Lebensmittelladen beantragte einen größeren Parkplatz, der Sportplatz brauchte eine bessere Beleuchtung, aber dann: Antrag auf Baugenehmigung für eine Reitanlage. Die Stadträte brachten ihre Bedenken vor. Sven richtete sich auf, beugte sich vor. Er hatte die ganze Zeit schon angespannt auf seinem Stuhl gesessen, wahrscheinlich hatte er mit Widerspruch gerechnet, die ablehnende Haltung des anderen Reitstalls hatte sich herumgesprochen.

Oder Theres und Alberta haben das erzählt, dachte Jana.

Nun war sie auch sicher, dass der Mann wirklich Sven war. Sie flüsterte es Georg zu, der nun alles mitschrieb. Immer mehr Stadträte brachten Einwände. Jana zählte und versuchte zu berechnen, wie viele für und wie viele gegen den Antrag stimmen würden, aber es kam nicht zu einer Abstimmung. Der Bürgermeister erklärte, da der Hof außerhalb des Ortsschildes liege, könne die Stadtverwaltung gar nicht dagegen stimmen, es sei denn, die Stadt würde durch das beantragte Bauobjekt geschädigt. Das sei aber durch einen nur vielleicht überlasteten Zufahrtsweg und das Benutzen der Waldwege nicht erwiesen. Die Entscheidung wurde vertagt. Sven hatte nichts gesagt. Er war auch nicht gefragt worden. Er stand auf und ging. Jana und Georg folgten und holten ihn auf der Treppe

ein. Er war sehr abweisend, wollte Georg keine Auskünfte geben, schaute Jana misstrauisch an. Hatte er sie beim Turnier gesehen?
«Es ist doch keine Gefahr für Sie», sagte Georg. «Sie haben doch gehört, der Stadtrat kann gar nicht ablehnen. Sie müssen nur warten.»
«Erstens können wir nicht warten, wir wollen da nächsten Monat noch weg, und zweitens habe ich keine Lust, mich mit einem hetzenden Reitverein herumzuschlagen. Das ist auch Unsinn. Das ist Quatsch!»
Er schaute Jana direkt an.
«Wir müssten nicht einmal Konkurrenten sein. Beim Ausreiten wären wir uns nie in die Quere gekommen, das sowieso nicht, und wir sind auch keine Konkurrenz. Erstens wären wir am anderen Ende der Stadt und dann – ich weiß, dass der Ulmenhof eine Warteliste für Anfänger hat, die könnten wir alle nehmen, und wenn die dann große Pferde wollen und Turniere reiten und so, dann können sie ja gehen, wir halten niemanden fest.»
Jana wusste nicht, ob sie antworten sollte. Sie wusste auch nicht, was.
«Und warum», fragte Georg, «wollen Sie von ihrem jetzigen Standort nächsten Monat noch weg?»
Sven ging auf die Frage nicht ein.
«Wir haben ein völlig anderes Publikum. Wir würden auch Reiten für Kinder mit Behinderung anbieten. Das können die auf dem Ulmenhof mit ihren Pferden gar nicht machen.»
«Aber warum dieser hastige Aufbruch?», beharrte Georg. «Das hört sich wie eine Flucht an.»
«Ist es auch», Sven sprach sehr schnell und etwas undeutlich.

«Das Gelände ist gnitzenverseucht. Wir wollen im Oktober da weg sein. Und das werden wir auch. Aber nicht hier. Wenn die Stadt uns nicht will, wir brauchen die Stadt nicht. Ich hab noch ein anderes Angebot.»
Er ging.
«Wo?», rief Georg ihm nach.
Sie sahen Sven die Achseln zucken, hörten: «Weit weg!»
Und damit war auch er weg.
«Sieht so aus, als würdest du deine Freundinnen in eurer Reitschule behalten», sagte Georg. «Hast du das verstanden, ich meine, was hat er gesagt, warum müssen sie da so schnell weg?»
«Was von ‹verseucht› hat er gesagt.»
«Ja, aber genauer hast du's auch nicht verstanden?»
Jana schüttelte den Kopf.
«Dann kann ich das nicht schreiben. Müsste man schon genau wissen.»
Und damit pflanzte er eine Idee in Janas Kopf.

Alberta war am nächsten Tag in der Schule. Sie humpelte ein bisschen, aber sie konnte einigermaßen Rad fahren. Jana fuhr auch mit dem Rad. Theres nicht. Weil es ein wenig regnete? Oder wollte sie den gemeinsamen Weg mit Jana meiden? Sie ließ sich von ihrer Mutter bringen. Die drei gingen sich aus dem Weg und trotzdem immer wieder aufeinander zu, keine wollte fragen, und Jana sagte nichts. Aber Felix kam in ihre Klasse. Das machte er sonst nie. Und da waren Theres und Alberta auch sofort da.
«Sie haben die Abstimmung vertagt», berichtete Jana. «Ganz verstanden hab ich es nicht, aber ich glaube, sie können gar

nicht dagegen stimmen, weil der Hof nicht direkt im Ort liegt.»
Theres wandte rasch den Kopf ab.
Damit ich ihre Freude nicht sehe, dachte Jana. Bleib nur so. Dann seh ich auch deine Enttäuschung nicht.
Sie fuhr fort: «Aber wir haben noch mit Sven gesprochen. Der ist so sauer und will nicht mehr in unsere Stadt. Er hat noch ein anderes Angebot. Weit weg.»
Theres schaute sie an. Keine Enttäuschung in den Augen.
«Ich weiß», sagte sie. «Aber da will Isa nicht hin. Die will unbedingt in die Nähe vom See. Wegen der Feriengäste. Und auch weil hier die Heimschule für die Kinder mit Behinderung ist.»
«Ja», sagte Alberta, «so leicht gibt Isa das hier nicht auf.»
Und Jana dachte: Soll ich sie fragen? Vielleicht wissen sie ja, was da verseucht ist, wo die jetzt sind.
Aber sie entschied, nicht zu fragen. Sie würde handeln.
Dafür musste sie wissen, wo dieser Rappenhof überhaupt war.
«Hast du dir schon ein Pferd ausgesucht?», fragte sie.
Das wollte sie eigentlich gar nicht wissen. Die Frage stand nun schon fast eine Woche unausgesprochen zwischen ihnen. Nichts wollte Jana weniger wissen, und nichts wollte Theres lieber erzählen. Sie sprudelte auch sofort heraus. «Bjalla! Die Fuchsstute mit der irren Farbe. Fuchsfalbe ist sie, jetzt weiß ich das, eine ganz süße, die ist so lieb, aber auch schnell und spritzig. Die mag ich auch. Sehr. Aber da ist noch jemand, der sie kaufen will.»
«Was ist mit dem schönen Schwarzen? Den du so toll fandest beim Turnier?»

«Stjarni! Den kriege ich nicht. Isa verkauft ihn nicht. Erstens sowieso nicht, weil er ihrer ist, und zweitens weil ich für Stjarni noch nicht gut genug reiten kann. Und meine Mutter will ihn auch nicht. Nicht weil er so teuer wäre, sie findet ihn zu temperamentvoll und zu schnell.»
Jana hatte sich bemüht, nicht zuzuhören, und hatte doch die Ohren gespitzt. An den schönen Rappen Stjarni erinnerte Jana sich genau. Sie hatte so begeistert geklatscht wie alle anderen, als Isa mit Stjarni im Rennpass quer über den Turnierplatz geflogen war.
Aber dann fragte sie, was sie wirklich wissen wollte.
«Wo ist dieser Hof, wo die jetzt sind, der Rappenhof, wo ist das?»
Theres erzählte arglos: «Auch am See, weiter westlich. Wenn sie zu uns kommen, brauchen sie nicht mal Pferdetransporter, sie machen einen Zweitagesritt und reiten hierher. Ist für die Pferde viel besser, sagt Isa, weil sie dann ein Gefühl dafür haben, wo sie sind.»
Ich bin ein Verräter, dachte Jana, ich horche sie aus, das alles will ich gar nicht wissen, nur, wo sie sind, ja, ich horche sie aus, ich spioniere jetzt schon, ich verrate meine beste Freundin, es ist so gemein.
«Und wie kommen sie über den kleinen Fluss da? Wie heißt der noch, der da in den See fließt?»
«Da müssen sie nicht rüber, sie sind auf dieser Seite, so weit ist es nicht, bloß bis Felsenburg, da, wo das große Ausflugslokal ist …»
Jana wusste alles, was sie brauchte.
Es ist so gemein, dachte Jana, aber sie ist auch gemein, sie hat Askan verraten, es hätte so schön werden können.

Freitag. Genau eine Woche war es her, dass Theres gesagt hatte: «Ich komm heut nicht zum Stall.» Diesen Freitag würde Jana dasselbe sagen, aber noch schwieg sie. Sie waren auf dem Heimweg von der Schule. Auch Theres war wieder mit dem Rad gekommen. Seit Jana sie gestern nach den Isländern gefragt hatte, suchte sie dauernd Anlässe, um weiterzuerzählen. Jana ließ sie und lauerte auf Hinweise, warum denn nun dieses Gelände verseucht war. Aber dazu machte Theres nicht die geringste Andeutung.
Sie weiß es nicht, dachte Jana. Das haben sie ihr nicht gesagt. Wenn da nicht was faul ist.
Als sie die Stelle erreichten, wo Alberta sich von ihnen trennen musste, sagte Jana: «Ich fahr rüber zum Ulmenhof und red ein bisschen mit Askan. Heute Nachmittag komme ich nicht.»
«Wieso nicht?», fragte Felix.
Jana schaute Theres an: «Vielleicht habe ich einfach keine Lust zuzugucken, wie du Askan reitest. Und Bettina gibt sich Mühe und ist furchtbar nett zu dir und will dir helfen, dass du die Reitbeteiligung bekommst, und du denkst nur an Islandponys.»
Theres starrte sie an. Gerade eben war Jana noch nett gewesen und hatte sich erzählen lassen. Und jetzt das. Jana drehte erst den Kopf weg, dann das Rad.
«Schnall ihm den Nasenriemen nicht zu eng», sagte sie, trat in die Pedale und schrie: «Und kratz ihm den rechten Hinterhuf aus!»
Sie fuhr nicht zum Ulmenhof. Sie fuhr auch nicht nach Hause. Ihrer Mutter hatte sie erzählt, dass sie gleich nach der Schule zu Alberta fahren würde und mit ihr zusammen zum

Stall. Sie fuhr auch nicht zu Alberta. Als die anderen sie nicht mehr sehen konnten, lenkte sie zurück Richtung Stadt.
Um die ganze Strecke mit dem Rad zu fahren, war es zu weit. Sie musste in der Mittagszeit dort ankommen, nur dann hatte sie eine Chance, auf dem Gelände allein zu sein. Auf dem Ulmenhof war am Freitag um drei die erste Reitstunde, das würde wohl auf dem Rappenhof nicht viel anders sein. Wahrscheinlich war ab halb drei alles voll mit kleinen Mädchen, die ganz gierig waren auf Islandponys, und Sven oder Isa würden auch da sein. Sven hatte sie wahrscheinlich vorgestern Abend erkannt, Isa würde sie erst recht erkennen.
Jana hatte sich entschieden zu trampen. Das war eigentlich das Schlimmste von allem. Kleine Verschiebungen der Wahrheit machte sie gelegentlich. Sie hatte schon mal zu Hause erzählt, sie würde die Nacht bei Alberta schlafen, und dann war sie am Stall gewesen. Aber sie hatte den Eltern bei allem, was ihr lieb war – einschließlich Askan –, versprochen, niemals zu trampen.
Notfall, dachte sie. Dies ist nun wirklich ein Notfall. Und ich kann nichts dazu, dass hier keine Busse fahren.
Sie versteckte das Rad in einem Waldstück, es war jene Stelle ihrer Ausreitstrecke, die der Hauptstraße am nächsten lag, sie würde es wiederfinden. Dann rutschte sie die Böschung hinunter zur Hauptstraße.
Wie trampt man? Sie suchte sich einen Platz, wo die Autos halten konnten, und fand eine Bushaltestelle. Das war gut. Da konnte man halten. Ein Bus kam hier sowieso nur alle zwei oder drei Wochen vorbei. Allzu viel Verkehr war um diese Zeit nicht.

Da stand sie und schaute den Autos entgegen und hatte ein Gefühl, das ihr ziemlich fremd war: Angst.
Sie hatte ihrer Mutter versprochen, niemals zu trampen.
Da kam ein Auto. Jana trat vor, hob aber nicht die Hand. Das Auto fuhr vorbei. Eine Frau saß am Steuer und hinten ein kleines Kind. Mist – mit der hätte sie fahren mögen. Hätte sie damit ihr Versprechen nicht nur halb gebrochen? Eine Frau mit einem kleinen Kind war doch sicher harmlos.
Wieder ein Auto. Jana trat vor.
Sie hatte ihrem Vater versprochen, niemals zu trampen.
Es war ein großes Auto. So eins, wie Männer es fahren, die vielleicht Entführer sind? Sie konnte nicht erkennen, wer am Steuer saß. Der Wagen fuhr vorbei. Wieder eine Frau. Jana ärgerte sich. Wenn sie sich weiter so anstellte, würde sie nie zum Rappenhof kommen.
Und dann kam – ein Bus. Er hielt, denn es stand ja jemand an der Bushaltestelle. Der Fahrer öffnete die Tür.
«Ähhh», sagte Jana, «wohin fahren Sie?»
«Rebdorf. Wo willst du denn hin?»
«Weiter. Richtung Felsenburg. Zu dem Ausflugslokal.»
«Du kannst umsteigen. Diesen Monat fahren die Überlandbusse noch.»
Jana zahlte und sank glücklich auf einen der vielen freien Plätze. Sie hatte ihr Versprechen nicht gebrochen. Vielleicht würde sie auch Theres und Alberta nicht verraten? Dazu musste irgendein Wunder geschehen. Aber dass ausgerechnet jetzt ein Bus kam, war ja schließlich auch ein Wunder.
Jana Immerglück, hatte ihr Vater sie genannt.
Und sie hatte Glück.

Es war erst viertel vor zwei, als sie das Ausflugslokal erreichte. Sie fragte nach dem Rappenhof: zehn Minuten zu laufen, immer aufwärts, oben auf der Höhe fingen die Weiden an.
Jana lief aufwärts. Sie sah Hufspuren, überall. Sie schaute sich immer um, ob vielleicht Schilder aufgehängt waren: Vorsicht Seuchengefahr! oder so ähnlich. Aber sie fand nichts dergleichen. Sie hörte Wasser. Ob sie den Bach ansehen sollte? Es könnten tote Fische darin sein? Doch sie hatte keine Zeit.
Auf dem Rückweg, dachte sie.
Das war dann nicht nötig. Sie kam an dem Bach vorbei, und er sah irgendwie unnatürlich aus. Als sei vor Kurzem daran gearbeitet worden. Die Uferränder waren ziemlich frisch aufgebrochen, noch kaum bewachsen. Jana konnte nicht stehen bleiben, sie lief am Bach entlang, das Wasser war manchmal etwas schmutzig, aber das konnte Erde sein, die von den Uferrändern ins Wasser gefallen war. Tote Fische entdeckte sie nicht, überhaupt keine Fische, doch, einmal eine Forelle, die schien gesund und war schnell weg.
Jana erreichte die Höhe mit den eingezäunten Weiden. Pferde waren nicht darauf, weit hinten sah sie einen Hof, da musste es sein.
Der kürzeste Weg führte quer über Wiesen, das heißt, da war kein Weg, ganz und gar nicht, aber sie hatte keine Zeit, sie kroch unter dem Elektrozaun durch, und es erwischte sie ein Stromschlag. Pferdeäpfel lagen auf der Wiese. Am Morgen waren die Ponys wahrscheinlich noch hier gewesen. Hinweise auf Seuchengefahr fand sie nicht. Sie schaute auf die Uhr. Kurz vor zwei.

Hoffentlich haben die Mittagsruhe, dachte sie.
Auf dem Ulmenhof war bis um zwei Uhr Mittagsruhe.
Wieder musste sie unter dem Zaun hindurchkriechen, sie passte diesmal besser auf, und dann zwängte sie sich durch eine Weißdornhecke. Endlich sah sie die Pferde. Und wie immer, wenn sie Pferde sah, setzte ihr Herz einen Schlag aus und holte den dann zehnfach nach.
Mindestens dreißig Pferde, fast alles Islandpferde, zumindest glaubte sie das, nur weiter hinten sah sie zwei größere Schimmel. Sie schaute sich um. Niemand zu sehen. Sie kroch in den Paddock. Die Ponys dösten, einige lagen und schliefen, hier und da standen zwei Hals gegen Hals beieinander und knabberten sich gegenseitig am Widerrist. Dolly und Askan, wenn sie zusammen auf die Weide durften, machten das auch immer. Ein kleiner Falbe kam auf Jana zu.
«Ich hab nichts für dich», sagte sie.
Aber er bettelte gar nicht. Er ging nur einfach neben ihr her. Da hatten die anderen sie auch entdeckt und plötzlich war sie umringt von Pferden. Ein schwarzer Kopf schaute über ihre linke Schulter, aber der kleine Rappe rempelte sie nicht an, er berührte sie nicht.
«Na du», sagte sie, «bist du Theres' geliebter Stjarni?»
Sie streichelte seine Nase, strich ihm den dichten schwarzen Schopf aus der Stirn, sah einen kleinen weißen Stern, und plötzlich wusste sie, dass Stjarni «Stern» heißt.
Oder Sternchen, dachte sie. Sicher, du bist Stjarni.
Ein freches braunes Pferdegesicht drängte sich dazwischen und prustete ihr ins Gesicht. Der schwarze Kopf mit dem Stern lief weiter und hatte den halben Hals entlang eine weiße Mähne, weiße Flecken am Bauch, helle Beine und

einen zweifarbigen Schweif. Das war nicht Theres' Stjarni, das war überhaupt kein Rappe, sondern ein Schecke. Daran hatte Jana nicht gedacht. Auf dem Ulmenhof gab es keine Schecken.
Jana badete in Ponys. Das kann man mit großen Pferden nicht. Erstens darf man nicht hinter ihnen stehen. Alle hatten ihr immer eingebleut: Steh niemals hinter einem Pferd! Es könnte schlagen. Und zweitens geht man in Großpferden unter, man kann nicht stehen in einem Großpferdemeer, in diesem Ponysee konnte sie stehen und über ihre Rücken gucken.
Und das musste sie schließlich auch! Sie war nicht gekommen, um Ponys zu streicheln. Sie war gekommen, um zu sehen und dabei nicht gesehen zu werden. Sie ging durch den Paddock. Von hier aus konnte sie nur zum Stalleingang schauen, aber dahinter lag wahrscheinlich das Wohnhaus, und da waren dann sehr wahrscheinlich Isa und Sven. Rechts sah sie die Straße, die zum Hof führte – breiter als die in ihrer Stadt war diese auch nicht – und am Ende den Parkplatz. Er war leer. An der Außenmauer des Stallgebäudes waren Anbinderinge. Da hing ein Halfter. Jana erschrak. Sicher war jemand ausgeritten und konnte jeden Augenblick zurückkommen. Sie schob einen roten und einen weißen Pferdehintern auseinander und quetschte sich zwischen dem Fuchs und dem Schimmel hindurch in den Stall. Es gab keine Boxen, die rechte Seite des Stalles war mit Stroh eingestreut, die andere Steinboden. Es war sauber. Offenbar war vor Kurzem gemistet worden. Die Pferde konnten aus und eingehen, wie es ihnen gefiel.

Jana lehnte sich an einen der Holzpfosten und dachte: Ich muss jetzt ganz schnell etwas Verseuchtes finden. Wenn ich noch lange bleibe, gefällt es mir hier.
Sie spürte etwas seltsam angenehm Raues, aber nicht Hartes in ihrem Rücken. Das war kein Holz. Sie drehte sich um und strich mit den Fingern über eine Gummimatte. An allen Holzpfosten waren solche Gummimatten. Bevor sie rätseln konnte, wozu, sah sie einen Falben den Hals daran reiben. Draußen und auch hier im Stall waren Selbsttränken, weiter hinten im Stall eine große grüne Tonne mit Wasser. Da war der Schecke, der sie vorhin begrüßt hatte, badete sein Maul und trank. Hinter ihm warteten, jeweils Kopf an Schweif, ein Rappe und ein heller Fuchs.
Sie stehen Schlange, dachte Jana. Das gibt's doch nicht. Sie stehen Schlange wie gut erzogene Schüler am Bus und warten, bis sie da planschen können.
Jana floh aus dem Stall. Es war unerträglich. Sie war nicht gekommen, um das gut zu finden.
Verseucht, dachte sie, hier muss etwas verseucht sein. Er hat es doch zugegeben.
Ob die Hunde haben?, fiel ihr plötzlich ein. Auf dem Turnier hatten sie keine. Aber sie hatten auch nicht alle Pferde mitgebracht. Die beiden großen Schimmel hatte sie da nicht gesehen. Also hatten sie vielleicht auch die Hunde zurückgelassen.
Ohne zu merken, was sie tat, streichelte sie das Pony an ihrer rechten Seite und fühlte Stoff statt Fell. Sie zog erschrocken die Hand zurück. Das Pony war eingedeckt. Es musste ein Fuchs sein, das sah sie nur an seinen Beinen, denn die Decke hüllte das gesamte Pferd ein, Ohren und Gesicht waren

unter einer schwarzen Fliegenmaske, auch Schweifansatz und Bauch waren bedeckt.
Das war keine Abschwitzdecke. Die sehen anders aus.
Das war keine Wärmedecke. Es war ein milder September-tag.
Das war kein Regenschutz. Es regnete nicht.
Das war kein Transportschutz. Das Pony stand schließlich nicht auf dem Hänger.
Was war es dann?
Und Jana fing an zu sehen, was die ganze Zeit schon da gewesen war, aber sie hatte es nicht bemerkt.
Da waren Pferde, denen drei Viertel ihrer Mähne fehlte. Der kahle Mähnenkamm war wund und verschorft. Sie hatten blutende Wunden an der Brust, am Widerrist, an der Kruppe. Einer trat sich heftig gegen den Bauch. Jana bückte sich und sah eine blutig wund getretene Linie die gesamte Länge des Bauches entlang. Ebenso kahl gescheuert waren einige Schweife. Nun merkte sie, dass diese Pferde eigenartig rochen. Teebaumöl, stellte sie fest, Knoblauch und andere Öle, die sie nicht benennen konnte.
Sie sah ein Auto die Straße heraufkommen und auf den Parkplatz fahren.
Hatte sie genug gesehen? Konnte sie gehen? Von fern, vielleicht im Haus, bellte ein Hund.
Vielleicht hatte sie genug gesehen, aber sie wusste nicht, was das bedeutete.
Aus dem Auto stiegen eine Frau und zwei Mädchen in Reitkleidung.
Jana lief zurück in den Stall. An dem Eingangstor, das zur Hausseite lag, hatte sie eine Tafel gesehen. Es war unwahr-

scheinlich, dass sie dort eine Erklärung für die seltsam wund gescheuerten Pferde finden würde, und es war auch gefährlich, länger zu bleiben. Jeden Augenblick konnten die Reitschüler kommen und dann auch Sven oder Isa. Trotzdem. Sie musste es riskieren. Dies war ihre einzige Chance. Sie lief Slalom durch die Ponys bis zum Tor. Da war ein kleiner Raum abgetrennt vom Stall, «Reiterstüble» stand an der Tür. Das sah auf dem Ulmenhof doch anders aus. Da war das Reiterstüble ein richtiges Restaurant und kein Holzverschlag. Jemand öffnete das große Tor. Jana duckte sich hinter ein Pony.

Nicht Isa, dachte sie, nicht Sven.

Aber es war nur die Frau mit den beiden Kindern. Die sprangen zu der Tafel.

«Bjalla!», jubelte das eine Mädchen.

Theres' Liebling mochten andere offenbar auch.

«Wen hast du?»

«Gustur», sagte die andere. «Den hatte ich noch nie. Wie ist er?»

«Super!»

Das schien ja alles super zu sein hier. Schien aber nur so. Jana wusste es besser. Auf der Tafel stand über der Pferdeliste noch etwas anderes. Sie wollte es lesen. Konnte sie das riskieren? Die Tür wurde wieder geöffnet. Noch eine Mutter, diese mit einem Jungen und einem Mädchen. Auch die nahmen jubelnd zur Kenntnis, welche Pferde sie reiten würden. Wenn Bettina Pferde einteilte, hörte sich das oft anders an.

«Katur!», rief der Junge und verschwand in der Sattelkammer.

Also würde gleich Isa kommen. Oder Sven.
Jana trat hinter dem Pony vor. Die anderen beachteten sie nicht. Die Tür fiel auf, doch niemand kam. Die letzte Frau hatte sie nicht richtig geschlossen. Jana trat an die Tafel. Sie wollte nichts auslassen, was vielleicht wichtig sein konnte. Und es war wichtig. Sie las:

Liebe Jessie,
denk bitte daran, dass die Ekzemer ab vier im Stall sein müssen. Alle!
Guck selber, welchen du die Decken auflegst. Sperr Katur und Moj in die Gastbox. Sie rennen immer wieder raus. Wir haben nicht mehr Decken. Lufar muss die Decke den ganzen Tag tragen.
Gruß Isa

Jana wollte das gern noch einmal lesen, aber durch die offene Tür hörte sie Svens Stimme. Geduckt zwischen den Ponys verließ sie zur anderen Seite den Stall und rannte, bis sie sich hinter der Hecke verbergen konnte.

Natürlich fuhr kein Bus zurück. Jana saß lange in dem Ausflugslokal, nuckelte an ihrer Cola und beobachtete Leute. War da jemand, den sie fragen könnte, ob er in ihre Richtung fuhr? Das wäre schließlich nicht trampen. Sie kam mit der Kellnerin ins Gespräch und musste sich wieder allerhand zusammenlügen: Sie sei im Auftrag einer Freundin hier, die wolle ein Islandpferd kaufen und das habe sie anschauen sollen, es dürfte aber niemand merken, weil die Mutter ihrer Freundin furchtbar ängstlich sei und sie selber gelte als Draufgänger und nie würde die Mutter der Freundin ihrer

Tochter ein Pferd kaufen, das ihr, Jana, gefiele, darum … usw. usw.
Und dabei dachte sie: Aber ich tue das alles gar nicht mehr für mich. Nicht einmal nur für Askan, damit Theres ihn nimmt, ich tue es für alle unsere Pferde, denn Isa und Sven scheinen nur so nett, in Wirklichkeit sind sie Betrüger, sie verschweigen uns, dass ihre Ponys krank sind, Spione sind schließlich dazu da, dass sie die Wahrheit herausfinden, dafür muss man eben manchmal lügen, ja, ich lüge für die Wahrheit!
Allmählich glaubte sie das wirklich.
«Und jetzt», sagte sie, «komme ich nicht mehr zurück. Es fährt ja kein Bus.»
«Aber ein Schiff», schlug die Kellnerin vor. «In zwanzig Minuten fährt ein Schiff.»
Jana überlegte. Eigentlich keine schlechte Idee, bisschen teuer, aber die Ergebnisse waren das wert. Mit dem Schiff wäre sie gleich am Landungsplatz, nicht weit vom Büro der Lokalredaktion, mit etwas Glück erwischte sie da noch ihren Vater, sie wusste, er hatte einen Außentermin. Über diesen Betrug musste er einen Artikel schreiben, das würde auch Christian einsehen, und der sollte gleich morgen in der Zeitung sein. Damit wäre der Islandwahn verpufft. Es musste schnell gehen, denn wenn Natalie erst einmal eine Reitbeteiligung an Askan hatte, würde sie ihn wohl nicht mehr hergeben. Und Christian oder Georg oder sonst wer könnte sie hinauf zum Wald fahren, wo sie ihr Rad versteckt hatte. Sie konnte alles erzählen – ohne zu lügen – sie war wirklich nicht getrampt.
«Oder», sagte die Kellnerin, «also – das kommt darauf an,

wo du genau hinwillst. In einer Stunde bin ich hier fertig. Ich fahre über Rebdorf nach Werdingen. Wo willst du denn hin?»
Über Rebdorf nach Werdingen! Sie könnte genau da aussteigen, wo sie ihr Rad versteckt hatte.
Jana dachte: Dann kann ich selber mit dem Rad zur Redaktion fahren. Und bis dahin ist Christian weg, und dann ist nur noch Georg da. Der macht den Artikel. Bestimmt!
Und wenn sie aufgepasst hätte auf das, was sie dachte, hätte sie gemerkt, dass da was faul war. Aber Jana merkte nicht immer so genau, was sie dachte.
«Das ist super!», sagte sie. «Ich fahr mit Ihnen.»
Eine Stunde lang schaute sie auf den See und immer wieder den Hang hinauf, dahin wo der Rappenhof war, aber sie ging nicht noch einmal hinauf, und als sie Hufschlag hörte, duckte sie sich hinter einen dicken Touristen, doch es waren nur zwei Warmblüter, Wanderreiter, die hier Station machten. Jana ging nicht einmal hin, um die Pferde anzuschauen.
Nicht sehen lassen, dachte sie.
Sie war froh, als sie endlich ins Auto der Kellnerin steigen konnte.
Genau gegenüber der Bushaltestelle, von der sie aufgebrochen war, ließ sie sich absetzen, überquerte die Straße, lief die Böschung hinauf, fand ihr Rad und – hörte Hufschlag unten auf dem Waldweg.
Viertel vor fünf, dachte sie, die zweite Reitstunde, Bettina ist ausgeritten, sie sind auf dem Heimweg. Askan ist nicht dabei. Theres hat ihn in der ersten Stunde geritten. Oder?
Wenn ein Ausritt angeboten war, ritt Theres manchmal

lieber in der anderen Stunde. Jana duckte sich ins Gebüsch. Vielleicht würde sie Askan heute doch noch sehen, nur ganz kurz, aber immerhin. Nur durfte er nicht merken, dass sie da war. Er würde schnauben und zu ihr schauen.
Unsinn, dachte sie, er bemerkt mich nicht. Er ist doch kein Jagdhund.
Aber Barana war ein Jagdhund! Barana musste immer bei Alberta bleiben, wenn Theres ins Gelände ging. Oft genug war sie geschickt aus dem Halsband geschlüpft und der Gruppe nachgelaufen. Jana konnte nicht mehr fort. Schon hörte sie Stimmen, Bettina lachte und noch jemand, der vorn ritt, Felix war das nicht. Und da sah sie die Gruppe auf dem Waldweg im Schritt am langen Zügel herankommen und neben Bettina war nicht Felix mit Dolly, sondern Askan. Und im Sattel saß Natalie.
Jana unterdrückte den Impuls, aus dem Gebüsch zu springen und Natalie vom Pferd zu ziehen. Von *ihrem* Pferd! Sie bebte vor Wut, so sehr, dass sie glaubte, die Blätter des Haselbusches, der sie verbarg, müssten zittern und sie verraten. Was war da geschehen, während sie fort war? Vorgestern war Bettina noch so nett zu ihnen gewesen. Seit Theres' Mutter der Reitbeteiligung an Askan zugestimmt hatte, hatte Theres ihn immer bekommen, wenn sie da war. Hatte Natalie vielleicht schon einen Vertrag? Musste Jana sich nun darauf einstellen, den alten Goldfuchs mit ihr zu teilen? Und warum war Felix nicht dabei?
Jana sah die Gruppe unter sich vorbeiziehen. Theres saß völlig versauert auf der Haflingerstute Perle. Also hatte es einen Streit gegeben. Perle war das Pferd, das Theres von allen am wenigsten mochte.

Jana wartete, bis sie den letzten Schweif im Wald verschwinden sah. Dann zerrte sie ihr Rad hinunter auf den Weg und fuhr in die Gegenrichtung zur Stadt.

Als sie das Rad vor der Lokalredaktion abstellte, ertappte sie sich dabei, wie sie über den Parkplatz schaute und erleichtert bemerkte, dass Christians Wagen schon fort war. Auch der andere Redakteur war unterwegs. Nur Georgs Panda war da und das Auto von einem freien Mitarbeiter. Der würde sich nicht einmischen. Dann holte sie noch einmal tief Luft und raste in die Redaktion.

«Ist Christian noch da?», rief sie.

Natürlich nicht. Das wusste sie doch.

«Dann musst du den Artikel machen», sagte sie zu Georg. «Ist schon okay, du hast ja sowieso den Auftrag. Du warst ja auch in der Gemeinderatssitzung. Also ich war da. Ich hab jetzt alle Informationen über die Seuche.»

Das hatte sie nicht. Georg stellte ihr Fragen, mit denen sie nicht gerechnet hatte.

«Die Ursache», verlangte er. «Du hast gesehen, die Pferde sind krank. Ich will wissen, warum!»

«Weil die Gegend verseucht ist», behauptete Jana und dachte nach. «Es muss das Wasser sein. Der Bach. Der war frisch gegraben, ja, jetzt verstehe ich das, die haben Wasser umgeleitet.»

«Und», fragte Georg, «warum können die Pferde nicht, wenn sie hierher kommen, gesund werden? Vielleicht werden die hier gesund.»

«Aber vorher stecken sie unsere an.»

«Beweise! Es ist offenbar eine Hautkrankheit. Wer sagt, dass die ansteckend ist?»

Dafür hatte Jana eine Menge Beweise.
«Sie sperren sie ein, damit niemand sie sieht. Und sie packen sie in Decken. Damit die anderen sich nicht auch noch anstecken. Aber es scheint nicht viel zu nützen.»
Und Georg schrieb den Artikel:

***Gefahr durch Islandpferde*?**
Sven X hielt sich bedeckt, als er nach der Gemeinderatssitzung gefragt wurde, warum er den jetzigen Standort seiner Reitschule so rasch verlassen wolle. Er gab keine genaue Auskunft, aber ein Wort rutschte ihm offenbar unbeabsichtigt heraus: Das Gelände sei verseucht, gab er zu und verweigerte jede weitere Erklärung. Wie nun ein Mitarbeiter dieser Zeitung vor Ort feststellen musste, sind die Islandpferde krank. Sie leiden an einer Hautkrankheit mit offenbar starkem Juckreiz, sodass sie sich blutig kratzen, treten und beißen. Einige haben fast keine Mähne mehr und nur noch ein paar spärliche Haare anstelle des prachtvollen Ponyschweifes ...»
– – –
«Ist das wirklich so, Jana? Wirklich?»
«Ich hab sie gesehen. Und die schlimmsten haben sie ganz und gar in Decken gewickelt. Schreib das auch!»
«Wenn ich etwas berichte, das nicht stimmt, schmeißt dein Vater mich raus. Ich brauche ein Gutachten von meiner Arbeit hier.»
«Erstens stimmt es und zweitens macht Christian das nicht», versicherte Jana.
– – –

Und Georg schrieb:
«Die am stärksten befallenen Tiere müssen den ganzen Tag Decken tragen, die sie vollkommen einhüllen, sogar den Kopf. Damit wollen die Reitschulbetreiber verhindern, dass noch mehr Pferde angesteckt werden. Vor der Öffentlichkeit werden die kranken Tiere verborgen. Ab 16.00 Uhr, wenn viel Publikum im Stall ist, werden die befallenen Tiere eingesperrt. Das also sind die Grenzen der so sehr gelobten artgerechten Offenstallhaltung.
Diese Wendung wird die Stadträte zwingen, den Antrag auf den Bau einer Reitanlage am östlichen Stadtrand neu zu prüfen. Wenn mit dem Einzug der Islandponys hier eine Gefahr für die hiesigen Pferde – möglicherweise auch Rinder – verbunden wäre, so wird der Stadtrat ablehnen können und müssen.»
«Lies es noch mal», sagte Georg.
Jana las und nickte: «Alles Fakten.»
Und so kam der Artikel in die Zeitung.
Jana fuhr langsam nach Hause. Sie hatte irgendwie ein blödes Gefühl im Bauch.
Weil Natalie Askan geritten hat, dachte sie.
Aber das war es nicht, wusste sie. Da war noch was anderes. Es war, weil … weil …
An Georg und den Artikel denken mochte sie nicht.
Und da fiel ihr noch ein ‹Weil› ein: Weil Bettina Dolly geritten hat!
Ja, es war Dolly gewesen, mit der Bettina ihre Reiter durch den Wald geführt hatte. Aber Grohne-Wilte hatte Dolly aus dem Training genommen. Felix bewegte sie, er konnte sie nicht weiter ausbilden, aber er zerstörte nichts.

Erst für das nächste Vielseitigkeitsturnier sollte Dolly von Bettina wieder in Topform gebracht werden. Das aber war erst im nächsten Jahr im Mai. Sie alle wussten, dann würde Dolly verkauft.
Und heute hat Bettina Dolly geritten.
Sie hat sich mit dem gesamten Rundumbeschlag verkracht, dachte Jana. Auch mit Felix.
Während sie die Islandpferde ausspionierte, musste auf dem Ulmenhof etwas Furchtbares passiert sein. Es war noch früh. Sie konnte hinfahren. Oder später zu Theres hinübergehen. Aber das mochte sie nicht. Und irgendwie mochte sie auch nicht zum Ulmenhof fahren.
Felix wird morgen alles erzählen, dachte sie.

4 FALSCHMELDUNG

Aber Felix erzählte nichts.
Am nächsten Morgen – Samstag – konnte Jana ausschlafen. Ihr Vater war sehr früh aus dem Haus gegangen. Er hatte in der nächsten Woche einen Artikel über den Anglerverein zu schreiben, und da wollte er einmal bei Sonnenaufgang mit einem Angler auf den See hinausfahren. Solche Aufträge waren Christian am liebsten. Jana wusste, er saß jetzt gut gelaunt in einem Fischerboot auf dem See. Der Schock würde später kommen – wusste sie, dass es ein Schock sein würde?
Ihre Mutter war zum Einkaufen und hatte Fabian mitgenommen. Sie hatte das Haus für sich allein. Sie rief Felix an.

Er war daheim und musste den Vormittag mit seinen beiden jüngeren Brüdern verbringen. Seine Mutter war Krankenschwester und hatte Wochenenddienst in der Klinik.
«Warum hast du Dolly gestern nicht geritten?», fragte Jana.
«Woher weißt du das? Du warst doch gar nicht da?»
Jana war eben nicht perfekt im Lügen. Aber wer ein schlechter Lügner ist, muss immer weiter lügen.
«Hat Theres erzählt. Aber sie hat mir nicht gesagt warum.»
«Kann sie auch nicht. Sie weiß nicht warum.»
Jana wartete, aber er sprach nicht weiter.
«Nun sag schon!»
Sie bekam keine Antwort, zumindest nicht auf ihre Frage.
«Reitest du heute aus?», fragte er stattdessen.
«Ja. Am liebsten mit dir allein. Wir könnten zum alten Gutshof hinauf.»
«Ich komme nicht. Vielmehr nur kurz.»
«Felix, bitte! Was ist passiert? Hattest du einen Crash mit Bettina?»
«Ich muss arbeiten. Bei meinem Tierarzt. Ich brauche Geld. So am frühen Nachmittag fahre ich mal kurz zum Stall und putze Dolly.»
«Hattest du einen Crash mit Bettina?»
«Nein», sagte er und dann schrie er: «Kevin! Pass auf!»
Und Jana hörte etwas klirren.
«Ich kann jetzt nicht», rief er ins Telefon und legte auf.
Jana ging in die Küche und mischte sich ein Müsli. Sie trug alles ins Esszimmer. Da lag die Samstagszeitung aufgeschlagen. Lokalteil. Fett die Schlagzeile: ***Gefahr durch Islandpferde?*** Ihre Mutter hatte das also schon gelesen.

Jana schaute nicht hin. Sie wusste ja auch, was drinstand. Albertas Eltern hatten keine Zeitung, und Theres las sie nicht, aber ihre Mutter vielleicht. Jana lief mit der Müslischale durchs Haus und schaute auf der Straßenseite aus dem Fenster. Sie könnte hinübergehen. Aber sie wollte nicht, dass Theres es von ihr erfuhr. Und da sah sie beide aus dem Haus kommen. Frau Rohner ging zur Garage, Theres wartete mit Barana. Sie trug Reitkleidung. Fuhr sie zum Stall? Jetzt schon? Warum ließ sie sich von ihrer Mutter bringen? Jana hätte das Fenster öffnen und hinausrufen können, aber so wie sie Theres gestern behandelt hatte, würde sie wohl kaum eine Antwort bekommen. Und da war noch der Artikel. Jana fing an, ihre Situation ziemlich bescheuert zu finden: Felix sagte ihr nichts, Theres fragen konnte sie nicht. Alberta anrufen? Auch nicht viel besser. Sie konnte nur aus dem Fenster sehen und zuschauen, wie das Auto davonfuhr, zum Stall, ohne Zweifel – und da zuckte ein Gedanke durch sie: Zu welchem Stall?
Wenig später kamen ihre Mutter und Fabian zurück.
«Hast du die Zeitung gelesen?», rief Silke schon im Flur. «Den Artikel über die Islandpferde?»
Jana antwortete nicht. Silke schleppte die Einkaufskörbe in die Küche. Fabian fing sofort an zu wühlen und suchte die ‹Sauren Pommes›. Silke sprach weiter:
«Ich hab schon versucht, Georg anzurufen. Der ist nicht da. Hast du eine Ahnung, welcher freie Mitarbeiter dieser Zeitung da gestern auf dem Pferdehof war?»
Jana antwortete nicht. Fabian fand die ‹Sauren Pommes›, kriegte aber die Tüte nicht auf, er riss daran mit Fingern und

Zähnen, vergeblich, er hielt die Tüte Silke hin, die reagierte nicht und sagte: «Wenn Christian das liest, kriegt er einen Tobsuchtsanfall.»

Da drehte Jana sich um.

«Ich war da! Und es stimmt alles, was in dem Artikel steht. Alles!!»

Silke schob die Körbe weg, ging ins Esszimmer, schaute über die Zeitung und ließ sich auf einen Stuhl fallen.

«Bist du wahnsinnig», flüsterte sie.

«Es stimmt alles», beharrte Jana. «Alles!»

Fabian hielt ihr die Tüte hin und mit einem wütenden Ruck riss Jana sie auf, dass die ‹Sauren Pommes› über Tisch und Fliesen flogen.

«Glaub ich dir schon», sagte Silke. «Aber das ist keine saubere Berichterstattung. Georg hätte es merken müssen. Eine seriöse Zeitung macht so was nicht.»

«Aber wenn es doch stimmt!»

Fabian hatte die ‹Sauren Pommes› eingesammelt und bot sie Jana an. Sie lehnte ab, nicht nur, weil sie das Zeug nicht besonders mochte, vor allem weil sie ahnte, dass sie an diesem Tag noch genug Saures abkriegen würde.

«Hör mal, Jana», versuchte Silke zu erklären, «der Mann von dem Islandhof, wie heißt er …»

Sie schaute in die Zeitung.

«… Sven, hat was von ‹verseucht› gesagt. Jetzt erinnere dich, letztes Wochenende bist du mit Felix ausgeritten und hast gemeckert, dass ihr nicht vernünftig reiten konntet, weil alles voller Touris war, eine richtige Seuche – genau so hast du gesagt. Ist Tourismus jetzt also eine ansteckende meldungspflichtige Krankheit?»

«Aber ich habe die Ponys doch gesehen! Die sehen wirklich oll aus!»
«Aber du weißt nicht, warum! In diesem Artikel ist mit keiner Silbe nachgewiesen, warum!»
Da klingelte das Telefon.
«Christian», seufzte Silke. «Lass mal. Ich mach das.»
Jana saß am Esszimmertisch, versuchte nicht in die Zeitung zu schauen und nicht auf das Telefon zu hören. Gedankenlos schob sie sich einen giftgrünen sauren Pommes in den Mund. Aus weiter Ferne hörte sie, wie ihre Mutter für sie kämpfte. Dann kam sie und hielt ihr den Hörer hin.
«Er will mit dir reden.»
«Jana … warum?», fragte Christian. «Warum?»
«Ich hab's nicht bös gemeint», flüsterte sie. «Doch – stimmt nicht – ich hab es bös gemeint – ich …»
Jetzt kämpfte sie selber – aber mit den Tränen. Sie gewann, diesmal noch gewann sie den Kampf gegen die Tränen, sie wusste, dass sie mit ihren Eltern alles klären konnte.
«Ich will nicht, dass die herkommen, ich will nicht, das macht mir mein ganzes Leben kaputt – das ist genauso, als würden wir wegziehen, in eine andere Stadt, wo ich keine Freunde habe. Ich will Askan nicht mit Natalie teilen, ich will Theres, weil ich die gern habe und Natalie nicht, und Alberta will ich auch nicht hergeben, und ich hab gewusst, dass es falsch war, *wie* ich das gemacht habe, ich hab's gewusst, das ist die Wahrheit, aber ich habe geglaubt, der Artikel stimmt, das ist auch die Wahrheit.»
«Ich glaube dir, Jana – und jetzt sagst du noch einmal die Wahrheit …»
«Warte, noch eins, bitte, das ist mir wichtig – bitte sei

nett zu Georg, er kann nichts dazu, ich hab ihn ausgetrickst.»
Über den Tisch und den schmatzenden Fabian hinweg sah sie ihre Mutter lächeln.
«Okay, Jana», kam aus dem Telefon. «Du sprichst für Georg, das spricht für dich. Und jetzt noch einmal die Wahrheit.»
Jana nickte, obwohl ihr Vater das nicht sehen konnte.
«Wie um alles in der Welt bist du dahin gekommen?»
Jana holte tief Luft. Sie musste nicht mehr lügen.
«Ich wollte trampen», gab sie zu, «aber ich hab das nicht gepackt. Weil ich euch das so versprochen habe, ich hab das nicht gepackt. Und dann kam ein Bus, und ich konnte in Rebdorf umsteigen, und zurück bin ich mit der Kellnerin – das ist doch okay? –, und wenn die nicht gefahren wäre, hätt' ich das Schiff genommen.»
«In Ordnung, Jana. Damit ist das für dich erledigt. Ich fahr heut Nachmittag zu diesem Hof und geb den Leuten eine Chance zu einer Gegendarstellung.»

Als Jana nach dem Mittagessen zum Stall fuhr, fühlte sie sich einigermaßen wohl. Sie fand ihre Eltern hinreißend, alle beide, und von den Ulmenhofleuten erwartete sie keinen Ärger wegen des Artikels.
Das war ein Irrtum.
Andreas und Rena standen am Rand des Außenreitplatzes und ließen ihre Pferde laufen, Dressurpferde beide: Malachit, der Dunkelbraune mit der schiefen Blesse, und die lackschwarze Fantasy. Renas Araberhengst konnte nicht mitspielen, auch als Wallach verteidigte Malachit seine Stute eifersüchtig.

Jana sagte: «Hallo.»
Und Andreas sagte, anstatt zu grüßen: «Na – gut, dass du kommst. Die warten auf dich. Mach dich auf ein paar Fragen gefasst.»
Jana lehnte sich an den Zaun und schaute Malachit und Fantasy zu. Nichts ist schöner als frei laufende Pferde – aber am allerschönsten sind frei laufende gut gerittene Pferde, ihr Körper ist harmonischer und sie bewegen sich wie ... wie ... Es könnte alles so schön sein, dachte Jana, als Malachit aus purer Freude an der Bewegung in der Passage über die Mittellinie ging und Fantasy fliegende Galoppwechsel sprang. Und Jana dachte weiter: Was wissen die? Rena und Andreas können doch gar nicht wissen, was ich damit zu tun habe.
«Ich bin ja kein Journalist», sagte Andreas, «aber juristisch gesehen würde ich sagen, das ist anfechtbar. Wie kann dein Vater so einen Quatsch in die Zeitung setzen?»
«Er hat nichts damit zu tun. Er hat gar nichts davon gewusst.»
«Er ist Chefredakteur. Also ist er verantwortlich.»
Malachit und Fantasy jagten im gestreckten Galopp quer über den Platz. Die schwarze Stute buckelte, der braune Wallach warf die Hinterbeine hoch. Es sah aus, als wollten sie den Zaun einrennen, aber sie bremsten, dass der Sand aufspritzte, wendeten leicht auf der Hinterhand und trabten auf Jana zu, Fantasy den schwarzen Kopf hoch in der Luft, Malachit den Hals gebogen. Durch die schiefe Blesse sah es aus, als hielte er den Kopf schräg, aber das war eine Täuschung. Jana wusste sicher, dass Malachit im Gleichgewicht lief, es gehörte schon zu den wenigen Dingen, die sie hier noch

sicher wusste. Sie traute sich nicht, Andreas zu fragen, warum er denn so sauer war über den Artikel und die anderen offenbar auch, für den Ulmenhof konnte der Bericht doch nur nützlich sein. Sie suchte Renas Blick, aber die schaute kalt wie nie zuvor. Zögernd ging Jana in den Stall.

Felix war in Dollys Box.

«Ich denke, du kommst nicht», sagte sie. Askan in der Nachbarbox schnaubte. Sie streichelte ihn durch das Gitter.

«Ich muss Dolly putzen.»

«Putzen und nicht reiten?»

«Macht Bettina. Claus-Peter hat Wochenenddienst. Ich helfe ihm.»

Claus-Peter Wegener war der Tierarzt, bei dem Felix jobbte, aber meist in den Ferien, den Samstag verbrachte Felix normalerweise mit Dolly.

«Ist Theres auch mit Bettina verkracht?», fragte Jana.

«Nein. Warum?»

«Weil sie Askan gestern nicht bekommen hat. Und Perle reiten musste.»

«Bettina hat gefragt, wer Askan will. Auf Dauer will. Als Reitbeteiligung. Und das war Natalie.»

«Sonst war nichts?»

«Nein, aber jetzt ist was. Ich geh noch eben mit dir rauf. Sonst bist du ganz allein. Aber dann muss ich weg.»

Er biss auf seiner Unterlippe, legte die Arme um Dollys Hals und drückte die Stirn in ihre Mähne.

«Du musst zu deinem Tierarzt?»

«Auch. Ich – ich halte das nicht aus.»

Er drückte sich an ihr vorbei und wartete auf der Stallgasse.

«Felix, was ist?»

Er antwortete nicht. Sie sah nur seinen Rücken.
«Ich muss erst zu Askan», sagte Jana.
Jana war gewohnt, dass Askan mit seinem Schnauben alles Unangenehme wegprusten konnte: Ärger in der Schule, Crash mit Bettina, mal ein kleiner Streit – Schlimmeres kannte sie nicht. Diesmal schnaubte Askan vergeblich, zumindest was Jana betraf. Er selber bekam natürlich seine Mohrrübe, Dolly ihre durch das Gitter. Jana streichelte Askans schmale Blesse und kontrollierte das rechte Hinterbein. Felix stand immer noch mit dem Rücken zu ihr. Als sie die Box verließ, lief er einfach weiter, sie gingen die Treppe hinauf zum Reiterstüble, Felix putzte sich die Nase.
«Ich bin ein Weichei», murmelte er, «ich bin so ein Softie.»
Bevor sie die Tür öffneten, sagte er: «Du kannst ja nichts dazu, aber ich weiß doch, wie sehr du deinen Vater magst.»
Die Stimmen im Reiterstüble waren laut, und als Jana in der Tür stand, war es schlagartig still. In die Stille hinein sagte Bettina: «Ah! Sie kommt doch.»
Die meisten saßen an den Tischen, einige standen an die Holzpfosten gelehnt, auch Alberta. Theres war nicht da.
«So!», sagte Grohne-Wilte. «Dein Vater arbeitet jetzt mit Methoden wie die Bildzeitung. Nichts wissen und damit Leute verleumden?»
«Es ist», stammelte Jana – wie sollte sie das sagen? – «Es ist erwiesen, dass die Ponys oll aussehen.»
«Natürlich sehen die oll aus!» Jetzt wurde Bettina laut. «Wie solche Islandpferde nun mal aussehen im September!»
Jana verstand überhaupt nichts mehr. Das hörte sich ja an, als sei das völlig normal, als würden Islandpferde im Herbst

ihre Mähnen und Schweife abwerfen wie Hirsche ihre Geweihe.
Grohne-Wilte blieb ruhig.
«Ich geh mal davon aus, dass das Ganze ein Riesenmissverständnis ist und du sowieso nichts damit zu tun hast.»
Und dicht neben Janas Ohr flüsterte Felix.
«Okay. Mit dem kommst du klar. Das ist wohl gelaufen. Ich geh jetzt.»
Und damit stand Jana allein, mitten im Reiterstüble so allein, niemand stellte sich neben sie, auch nicht Alberta.
«Ich wundere mich nur», fuhr Grohne-Wilte fort, «wie dein Vater das zulassen konnte, und hoffe, du hast auch nicht ein kleines bisschen mitgemischt.»
«Natürlich hat sie das!», schrie Bettina dazwischen.
«Ich will diese Ponys ja nun wirklich nicht hier haben», sagte Grohne-Wilte, «ich habe den Stadtrat mobilisiert, aber doch mit anständigen Methoden. Verleumdung gehört hier nicht zum Stil des Hauses.»
Da sagte niemand mehr etwas. Es war sehr still. Das fand Jana vollkommen unerträglich, und sie wagte eine Frage: «Wieso sehen Islandpferde im September so aus?»
«Sommerekzem», sagte Bettina. «Du solltest hin und wieder mal was über Pferde lesen, nicht immer nur Askan im Wald herumhetzen. Immer mehr Pferde kriegen dieses Sommerekzem, besonders Isländer. Ist eine Allergie und überhaupt nicht ansteckend. Ist eine Überreaktion auf Kriebelmücken, diese Gnitzen.»
Gnitzenverseucht!
Das war es, was Sven nach der Gemeinderatssitzung gesagt hatte: Gnitzenverseucht.

«Darum müssen die ja da weg», sagte Bettina. «Alberta!»
Das war ein Aufruf. Sie erteilte Alberta das Wort. Und Alberta sprach, ohne Jana anzusehen: «Bis jetzt ist es ihnen da einigermaßen gut gegangen. Aber im letzten Sommer hat jemand einen neuen Fischteich angelegt, und dafür haben sie einen Bach umgeleitet ...»
Der Bach! Jana fing an zu verstehen.
«Und die Kriebelmücken brauchen Wasser, Fließgewässer. Jetzt geht da gar nichts mehr. Die Pferde kratzen sich kaputt. Decken haben sie zum Schutz. Dass sie nicht so viel von den Viechern gebissen werden. Und so um vier in den Stall sperren muss man sie, weil die Mücken dann erst richtig schlimm werden. Deshalb wollen die sofort da weg. Sonst kratzen sich die Ponys bis in den November.»
Grohne-Wilte sprach weiter.
«Ich gebe zu, nicht jeder freie Mitarbeiter deines Vaters muss etwas von Pferden verstehen und so was wissen.»
Jana spürte einen Luftzug im Rücken. Die Tür war geöffnet worden, leise. Füße kamen lautlos, aber Pfoten tapsten auf dem Fliesenboden, Barana huschte an ihr vorbei, kam zurück, stupste die feuchte Nase gegen ihre Hand, lief weiter von einem zum anderen, fiepte. Also stand Theres hinter ihr.
«Es ist aber die Pflicht eines Berichterstatters, mit den Leuten zu reden», sagte Grohne-Wilte. «Und das ist hier nicht geschehen. Kann nicht. Sonst wäre dieser Blödsinn nicht in die Zeitung gekommen. Ich habe deinen Vater immer sehr geschätzt. Nicht nur weil er gute Artikel über uns geschrieben hat. Ich lese sein Blatt. Und finde es gut. Wie konnte das passieren? Wen hat er dahingeschickt?»

«Niemand», sagte Jana leise, aber da es so still war, hörten es alle. Rechts vor ihr stand Alberta, hinter ihr Theres, links vor ihr saß Bettina, sie stand im Dreieck von drei Menschen, die sie liebte, die sie brauchte, und sie wusste, was sie zerstörte, als sie es nun aussprach, aber sie musste es tun, sie konnte nicht mehr lügen: «Ich war da. Ich hab mich eingeschlichen und spioniert und dann mit Georg, das ist der Volontär, den Artikel gemacht. Mein Vater war nicht da, er hat es selber erst heut früh gelesen.»
Minutenlang war nichts zu hören als das nervöse Tapsen und Fiepen von Barana. Die rannte herum und suchte etwas, das sie ins Maul nehmen und herumschleppen konnte. Barana vertrug keine Spannung und musste dann immer etwas im Maul haben und darauf herumkauen. Aber sie fand nichts. Darum ging sie ins Zentrum der Spannung, setzte sich vor Jana, fiepte und bellte, sprang an ihr hoch und wollte ihr die Mundwinkel lecken. Jana bückte sich und ließ es zu, dass Baranas Zunge ihr ganzes Gesicht abwischte, die ganze heiße Spannung und die Tränen auch.
Und in die Stille sagte Bettina fast flüsternd: «Du fieses kleines Arschloch.»
Hinter sich hörte Jana Theres' leise Stimme: «Ich war da heute Morgen, ich sollte Bjalla reiten, die wäre mein Pferd geworden. Aber sie haben mich weggeschickt. Es rufen lauter Leute da an, Hotelbesitzer und Bauern, die sagen, dass sie hier wegbleiben sollen mit ihren verseuchten Gäulen. Sven will schon lange nichts mehr zu tun haben mit dieser Stadt und Isa jetzt auch nicht. Sie gehen weit weg und sagen mir nicht wohin. Und die Bjalla verkaufen sie uns nicht, ich konnte ihr nicht mal Ade sagen, die wollen uns nicht mehr.»

Bettina sprang auf.
«Ich fahre hin! Sie müssen wenigstens wissen, dass wir das nicht waren. Sondern dieses fiese kleine Arschloch. Felix!» Und zu Grohne-Wilte sagte sie: «Tut mir leid, Manfred, ich mach das mit Dolly, ich sehe das ein, aber heute nicht, heute muss Felix sie noch mal reiten, ich hab hinterher einen Ausritt. Felix! Auf dem Platz bewegen ohne Hilfszügel. Lass sie vorwärts gehen, auch im Galopp, sie soll sich anstrengen, aber zieh nicht am Zügel.»
Sie sah nichts anderes als ihre Uhr, dachte an nichts anderes als an ihre Zeiteinteilung und merkte nicht, dass da kein Felix mehr war. In der Tür blieb sie noch einmal stehen und schaute zurück, von Alberta zu Theres.
«Wollt ihr mitkommen? Vielleicht könnt ihr euch doch noch von den Ponys verabschieden?»
Die beiden folgten wortlos ohne einen Blick auf Jana. Die wurde nun auch von Barana verlassen, natürlich, das war schließlich nicht ihr Hund.
Sie rief Felix' Tierarzt an. Jemand musste ihm unbedingt sagen, dass er Dolly reiten sollte. Aber Dr. Wegener war unterwegs. Seine Frau gab Jana die Handynummer. Da erreichte sie Felix.
«Nee», sagte er, «so geht das nicht. Wie sollte ich da auch jetzt hinkommen? Sie hat gesagt, sie würde Dolly selber reiten, also soll sie das auch machen. Warum tut sie das denn nicht?»
«Möchte ich dir am Telefon nicht erzählen», sagte Jana. «Hat nichts mit dir zu tun. Geht um diesen Artikel. Kommst du?»
«Kann ich gar nicht. Wir sind auf Tour.»

Da war nichts zu machen. Jana blieb allein. Nicht ganz. Sie hatte noch Askan. Der las keine Zeitung. Sie putzte und sattelte ihn, aber allein durfte sie nicht ausreiten. Rena fragen? Die schleppte gerade den Westernsattel für El Sham. Aber so wie die sie angeschaut hatte vorhin, traute sie sich nicht. Und bei den anderen erst recht nicht. Alle gingen an ihr vorbei, als sei sie gar nicht vorhanden.
Bis auf Natalie. Die stand plötzlich neben ihr und sagte: «Ich find's auch beschissen, was du da gemacht hast, aber ich weiß, du hast es nur getan, weil du Alberta und Theres behalten willst. Das verstehe ich. Ich hätte auch gern Freunde.»
Aber nicht mich, dachte Jana und antwortete ihr nicht. Soll sie sich woanders einschleimen, dachte sie, einfach jetzt ausnutzen, dass es mir dreckig geht, das ist fies.
«Ich darf mit Smart ins Gelände, wenn jemand mitkommt», sagte Natalie. «Wahrscheinlich nimmt Theres Askan ja jetzt doch.»
Mit Natalie hätte sie also ausreiten können. Aber Jana reagierte nicht. Sie wollte nicht. Sie tastete Askans Hinterbein ab. Immerhin sagte sie etwas: «Ist ein bisschen geschwollen. Ich beweg ihn nur auf dem Platz.»
Askans Hinterbein war nicht geschwollen, aber Natalie wäre die Letzte gewesen, mit der sie hätte ausreiten mögen. Sie wollte Felix. Oder Rena. Ja genau, Felix oder Rena. Sehnsüchtig schaute sie El Sham nach, dessen Schimmelschweif gerade im Wald verschwand.
Jana ließ Askan viel am langen Zügel laufen, er durfte sich dehnen, strecken, sie trabte leicht und schonte dabei das rechte Hinterbein. Das konnte ihm nur guttun, wenn auch das Bein gar nicht geschwollen war. Andreas war mit Fantasy

auf dem Platz und ließ sie ein paarmal kurz anpiaffieren. Das war neu für die schwarze Stute. Marens Schimmel rannte über den Platz und ging ihr immer wieder durch. Robert und Dominik schimpften. Schlecht gelaunt waren alle, und Jana bemühte sich, allen aus dem Weg zu gehen. Dabei schaute sie zum Parkplatz und wartete auf Bettinas uralten Mercedes, wartete ungeduldig und hoffte, dass er niemals käme, mit Bettina nicht, mit Theres und Alberta erst recht nicht.

Aber er kam. Dieseldröhnend die Ulmenallee entlang. Die drei stiegen aus. Jana ritt Schritt am langen Zügel. Sie schaute Bettina nicht an, suchte aber ihre Nähe, sie wollte hören, dass alles wieder in Ordnung war, dass Bettina sich – oder sie? – entschuldigt hatte, dass Theres ihre Bjalla eben morgen reiten würde. Und kaufen könnte. Und dass die Isländer bald herziehen würden an den Ostrand der Stadt – Jana hoffte alles, was sie gestern noch so verzweifelt hatte verhindern wollen.

Bettina erzählte. Sie sprach laut, das tat sie meist, aber jetzt war klar, sie sprach so laut, damit Jana alles hören konnte.

«Da geht gar nichts mehr. Die Frau war nicht da und dieser Sven hat uns nicht mal auf den Hof gelassen. Ich konnte auch nichts sagen. Der stand da mit seinen beiden Hunden – Border Collies oder so was –, er hatte sie an der Leine, und das Einzige, was er für uns getan hat, ist, dass er sie nicht losgelassen hat. Die haben gekläfft und gekläfft, und ich habe geschrien, aber der hat nichts verstanden. Er kann nicht mal verstanden haben, weshalb wir gekommen sind. Theres und Alberta konnten sich auch nicht von den Ponys verabschieden. Das fiese kleine Arschloch hat einen Riesenschaden angerichtet.»

Jana fühlte sich angesprochen. Ihr blieb nichts anderes übrig.
Und da wusste sie plötzlich, was sie tun musste. Es war zwar furchtbar, ganz entsetzlich, aber sie musste es tun.
Sie sprang von Askan, führte ihn in den Stall, versorgte ihn rasch und ging zu ihrem Rad. Sie sagte niemandem Tschüss und es kam niemand auf sie zu, nur Bettina schrie ihr nach: «Einfach abhauen und nicht mal das Pferd versorgen. Das passt ins Bild!»
Sie hatte Askan versorgt, schneller, aber nicht schlechter als sonst. Nur seine Streichel- und Verwöhnzeit hatte er nicht bekommen. Aus gutem Grund. Sie hatte ihm alles erklärt, und er hatte ihr geglaubt. Er glaubte ihr immer. Allerdings war er der Einzige, der ihr an diesem Ort noch etwas glaubte.

Jana ließ ihr Rad zum See hinunterstürzen. Je näher sie ihrem Haus kam, desto schneller fuhr sie. Vielleicht hatte sie Glück und erwischte Christian noch. Glück? Vielleicht hatte sie Glück und erwischte ihn nicht mehr. Dann müsste sie nicht dahin. Sie wollte nicht.
Sie wollte doch!
«Ist Christian schon zu den Isländern gefahren?», rief sie ins Haus.
«Vor zehn Minuten», sagte Silke. «Warum?»
«Mist! Ich wollte mit.»
«Du wolltest mit?»
Jana nickte. Silke lächelte und sagte: «Das ist Jana. Unsere Tochter! Selbst wenn sie so einen Bockmist verzapft, kann man noch froh sein, dass man so eine Tochter hat.»

Und da gab es für Jana wieder einen Ort, an dem sie gern war. Und das war der Ort, wo sie zu Hause war. Keine schlechte Bilanz von Orten, an denen man gern ist, fand sie.
«Ich fahr dich hin», sagte Silke.
Jana erschrak. Sie hatte sich sehr schnell darauf eingestellt, dass ihr dieser schreckliche Weg erspart bliebe.
Silke hatte schon das Telefon in der Hand, rief eine Freundin an, bei deren Sohn Fabian war, erklärte, dass er noch mindestens eine Stunde bleiben solle, griff den Autoschlüssel und lief voraus.

Der Parkplatz beim Rappenhof stand voller Autos, aber das Gelände schien menschenleer. Silke hielt auf dem Hof, sie stiegen beide aus, schauten über die parkenden Wagen.
«Er ist da», sagte Silke. «Ich kann dich hier lassen und zurückfahren?»
Jana nickte.
«Du bist ein prima Kerl, Jana, und ich wünsch dir, dass es dir hinterher besser geht.»
Jana blieb allein. Langsam ging sie auf das große Stallgebäude zu. Am Tor hingen Zettel. Sie zögerte, das Tor zu öffnen, darum las sie die Zettel. Ausritte wurden angekündigt: Samstagmorgen, Sonntagmorgen, also waren die Pferde im Gelände. Jana öffnete das Tor. Sofort bellten die Hunde. Svens Stimme rief sie zurück. Jana quetschte sich durch den Türspalt und schloss das Tor. In dem kleinen, nur mit Stangen abgegrenzten Vorraum vor dem Offenstall standen ihr Vater und Sven.
«Oh», sagte Christian. «Ja, das ist gut.»

Jana grüßte mit einem Kopfnicken und ging auf die beiden Männer zu.
«Das ist Jana, meine Tochter», stellte Christian sie vor, obwohl das eigentlich überflüssig war.
Jana schaute sich um. Hier hatte sie gestern gestanden und den Tafelanschrieb gelesen, den sie so schrecklich missverstanden hatte. Der Stall war fast leer. Ein Pony, eingehüllt in eine Decke, knabberte am Stroh. Ein kleiner Fuchs stand vor der grünen Wassertonne und badete seine Nüstern. Jana mochte nicht so allein im Raum stehen, ging um ihren Vater herum und lehnte sich an den Balken, der den Vorraum vom Stall trennte. So war sie dem Pferd näher. Außerdem saß eine graue Tigerkatze auf dem Balken und putzte sich. Es war still. Man hörte das Pony am Wasser prusten, sonst nichts.
«Ich möchte mich entschuldigen», sagte Jana leise.
Sven hatte das genau verstanden, doch sein Blick blieb kalt. Sie schaute ihn an, wich ihm nicht aus.
«Gibt wohl noch einiges mehr, was du als Journalistenkind eigentlich wissen solltest», sagte er. «Bisschen mehr Sorgfalt im Umgang mit Sprache. Man kann sich gar nicht selbst entschuldigen. Man kann nicht so einen Scheiß bauen und dann kommen und einfach sagen: Ich entschuldige mich! wie: Ich melde mich ab oder an. Kapierst du das?»
Jana kapierte. Die Border-Collie-Hündin setzte sich neben ihr rechtes Bein und leckte an ihrer Hand. Der Rüde – ihr Bruder? – saß auf der anderen Seite und lehnte seinen Kopf an ihr Knie.
«Ja», sagte Jana, «aber kann ich um Entschuldigung bitten? Kann ich sagen: Ich bitte um Entschuldigung?»
In Svens Gesicht änderte sich zunächst nichts. Das Pony

hatte genug geplanscht. Es legte sein nasses Maul auf Janas Schulter und scheuchte damit die Katze vom Balken. Die machte einen zornigen Schnurrlaut, stellte den Schwanz steil auf, stakste mit Katzenbuckel auf Jana zu und rieb den Kopf an ihrem Bein. Der Hund machte ihr Platz. Jana hielt Svens Blick aus, der allmählich ein klein wenig wärmer wurde.

«Okay», nickte er, «ich nehme deine Entschuldigung an. Du hast ein paar starke Fürsprecher gefunden. Meine Tiere mögen keine schlechten Menschen.»

«Danke», sagte Jana, sagte es zu Sven, zu dem Hund, der Hündin, der Katze, dem Pony: «Danke!»

«Ich bringe den Artikel mit der Gegendarstellung gleich am Montag», sagte Christian. «Und zwar in großer Aufmachung. Viel größer als der andere war. Und mit Foto. Sie sind mit Sicherheit rehabilitiert.»

«Kommen Sie dann trotzdem zu uns?», fragte Jana.

Sven schüttelte den Kopf. «Wir haben hier schon alles abgesagt. In drei Wochen sind wir weg. Mal ganz abgesehen von deiner zweifelhaften Intervention, wir sind das Gezicke mit dem Stadtrat leid. Und mit den Hotelbesitzern und den Leuten von den Ferienwohnungen dahinten auch.»

«Mit unserem Reitverein würden Sie keinen Ärger kriegen», versicherte Jana. «Das war unsere Reitlehrerin, die vorhin hier war. Die haben nichts mit dem Artikel zu tun.»

«Hat die dich hergeschickt?»

«Nein, sie weiß nicht, dass ich hier bin.»

«Sag ihnen, ist in Ordnung. Aber ich sehe für uns dort keine Perspektive mehr. Wir wollen in eine Gemeinde, die sich freut, wenn wir kommen.»

«Ihr macht morgen noch einen Ausritt?»
«Ja.»
«Kann Theres nicht morgen mit? Sie sollte heute Bjalla haben?»
«Sie kann mit, aber wir verkaufen das Pferd nicht in euren Reitstall. Das geht nicht. Es wäre da nicht glücklich.»
«Das verstehe ich. Aber Theres möchte Bjalla so gern noch einmal reiten. Und sie möchte wissen, wo ihr hingeht. Vielleicht kann sie dann Ferienkurse machen und Bjalla bekommen? Darf ich sie anrufen und ihr sagen, sie kann morgen kommen?»
«Soll um halb zehn hier sein. Ich reservier ihr die Bjalla.»
Auf dem Rückweg im Auto fühlte Jana sich etwas besser, aber das hielt nicht lange. An dem Gedanken, dass Theres und Alberta nun auf dem Ulmenhof bleiben würden, hatte sie keine Freude mehr. Sie hatte Theres ihr Pferd weggenommen.
Sie fuhr nicht noch einmal zum Ulmenhof, sondern läutete bei Rohners an und sagte, Theres könne morgen mit Bjalla ausreiten.
Den Rest des Tages vergrub sie sich in ihrem Zimmer und machte gar nichts, ging nur immer wieder zum Fenster und schaute hinüber zu Rohners, schaute durch das Fensterbild, das Fabian ihr geschenkt hatte, verbarg sich hinter dem lachenden Clownsgesicht, das er für Jana Immerglück gemalt hatte, aber die gab es nicht mehr. Und dann sah sie Theres zurückkommen. Ihre Mutter hatte sie abgeholt. Jetzt musste sie also wissen, dass sie morgen Bjalla reiten durfte. Und dass Jana das für sie geregelt hatte. Würde sie zu ihr kommen? Vielleicht doch?

Theres stieg aus dem Auto und öffnete das Gartentor. Barana lief ihr voraus.
Würde sie sich umdrehen und zu Janas Fenster schauen? Wenigstens schauen? Vielleicht sogar winken?
Theres ging durch den Vorgarten um das Haus herum. Barana rannte hin und her und einmal sah es so aus, als würde die Hündin zu Jana hinüberschauen, sie setzte sich und bellte und schaute, aber wahrscheinlich sah das nur so aus. Theres auf jeden Fall drehte sich nicht um.
Da riss Jana die bunte Fensterbildfarbe von der Scheibe, zerriss und zerfetzte die lustigen Augen, die große Nase, den lachenden Mund. In ihren Hände zerbröselten die Reste des fröhliches Gesichtes, durch ihre Finger rieselten bunte Krümel, und auch nicht ein kleines Restchen Freude blieb an ihrer Haut haften.
Ein zerbröckelnder Haufen bunter Plastikstreifen auf einer Fensterbank – das war alles, was übrig blieb von Jana Immerglück.

DER GLÜCKSKAUF 5

Die nächsten Tage waren fürchterlich. Dass es regnete, war noch das Beste. So konnte Jana sich einreden: Theres lässt sich von ihrer Mutter zur Schule fahren, weil es regnet. Sie tut es nicht, weil sie nicht mit mir fahren will. Es ist nur, weil es regnet. Den Gedanken, dass Frau Rohner sie bei schlechtem Wetter sonst immer mitgenommen hatte, musste sie verdrängen.

In der Schule sprachen sie schon mal miteinander. Einmal kam Theres sogar auf sie zu und sagte: «Danke, dass du das geregelt hast mit meinem Ausritt mit der Bjalla, meine ich.»

Jana griff gierig nach einer Chance von Gespräch.

«Vielleicht kannst du in den Ferien zu ihnen fahren und Kurse machen und dann lernst du, wie man so Isländer reitet und dann kannst du Bjalla doch kaufen.»

Theres zuckte die Achseln. «Ich weiß nicht, ob man sie aus ihrer Herde nehmen darf.»

Von Askan sagten beide nichts.

Alberta sprach nicht nur in der Schule mit Jana, sondern auch am Stall. Das war schon geradezu mutig, weil Jana von allen angegiftet wurde. Jana war ihr sehr dankbar, aber sie spürte, dass Alberta sich immer einen Ruck geben musste, bevor sie etwas zu ihr sagte. Sie hatte zwar durch Janas Aktion kein Pferd verloren, aber einen Traum. Zu gern hätte sie mit Pferden gelebt, die nicht in Boxen – «Käfigen», sagte sie – leben mussten.

Der Regen war noch für etwas anderes gut: Man konnte nicht ausreiten. Jana musste nicht dumm rumstehen und denken, wen sie alles nicht fragen konnte, ob er mit ihr ausreiten würde. Andererseits war es immer voll in der Halle und Jana war grundsätzlich diejenige, die angemeckert wurde, wenn es zu eng war. Mit Felix konnte man überhaupt nicht reden. Der zog sich ganz zurück, kam nur, um Dolly zu putzen, und ging wieder und erzählte niemandem, warum Grohne-Wilte ihm die Stute so plötzlich weggenommen hatte.

Und dann kam Troilus.

Zwischen zwei Regenschauern war da plötzlich Troilus – nass, dreckig, das dunkle Fell gesprenkelt von Schlammspritzern, groß, schlaksig, ein schmutziger Körper auf endlos langen Beinen und darüber ein Kindergesicht mit Säbelohren: Troilus, einer von denen, die die Erde nicht nötig haben.

Jana und Theres fuhren zum Stall, durchaus zusammen, aber sie sprachen nicht miteinander. In der Ulmenallee bremste Jana und ließ Theres aufholen, so kamen sie nebeneinander, doch Theres wich aus, vielleicht weil Jana durch die Pfützen fuhr und sie nicht. Der Straßenbelag war schlecht, die Frostaufbrüche vom letzten Winter waren nie repariert worden, außer zum Reitstall führte diese Straße nirgendwohin. In den Schlaglöchern sammelte sich das Wasser, das Jana nun, ganz gegen ihre Gewohnheit, sorgfältig umfuhr, um wieder näher an Theres heranzukommen – die bremste, sehr plötzlich, erstarrte und sagte: «Wer ist das?»
Auf dem vermatschten Außenreitplatz unter den ersten Sonnenstrahlen seit drei Tagen wälzte sich ein Pferd und zappelte Beine in die Luft, die lang waren wie die von Marens Schimmel und sonst niemandem, aber der Schimmel mit dem unaussprechlichen Namen konnte es nicht sein. Das Einzige, was man über die Farbe dieses Wesens mit Sicherheit sagen konnte, war: kein Schimmel. Denn irgendein bisschen Weiß hätte durch die Schlammschichten doch hindurchschimmern müssen.
Am Zaun standen Grohne-Wilte, Bettina und Alberta. Es war noch früh am Nachmittag, die meisten waren bei ihrer Arbeit oder in der Uni.
Jana und Theres stellten die Räder ab. Janas Rad kippte um, weil sie gar nicht schaute, wo sie es hinschob, der schlammbraune Körper erhob sich aus der Pfütze und es sah aus, als käme er aus dem Meer gestiegen. Warum das so aussah, hätte Jana nicht sagen können, jetzt nicht und später auch nicht, doch immer wenn dieses Pferd sich wälzte, sah es so aus, als käme es aus dem Meer, auch wenn es staubtrocken

war. Vielleicht weil es so ungeheuer leicht aufstand? Und vielleicht gelang ihm das, weil es so viel Übung hatte im Wälzen. Ob Bettina, die hingerissen zuschaute, wohl ahnte, was sie da erwartete?
Und dann lief er. Über den rutschigen, schmierigen Boden sicher wie über englischen Rasen, der fünfhundert Jahre lang gepflegt und geschnitten war.
Jana ging zu Alberta und fragte: «Wer ist das?»
Und Alberta sagte: «Troilus.»
«Na!», rief Grohne-Wilte. «Ist das ein Strampelmann?! Glaubst du mir jetzt?! Siehst du, dass er irgendwo mit diesen fantastischen Beinen den Boden berührt? Also ich sehe es nicht. Der fliegt. Ich sag dir, wenn wir den in die Schule schicken, kriegt er in Physik eine 6, weil er behauptet, dass es keine Schwerkraft gibt.»
«Irrtum», sagte Bettina, «er kriegt in Physik eine 1, er kriegt den Nobelpreis, weil er *beweisen* kann, dass es keine Schwerkraft gibt.»
Da fing es wieder an zu regnen. Die Sonne schien und es regnete. Und keiner drehte sich um und schaute nach dem Regenbogen. Was ist schon so ein bisschen bunter Himmel gegen einen dreckigen Troilus, der auf langen Beinen durch die Pfützen spritzt und sich seinen Nobelpreis für Physik verdient.
«Also», sagte Grohne-Wilte, «in den nächsten drei Jahren wird Dressur geritten. Grundausbildung ist für dich kein Problem, er ist viereinhalb und hat nichts gelernt. Aber in zwei Jahren wird er ein Spezialist sein, und ich muss dir ja wohl nicht sagen wofür. Sieh zu, dass du bis dahin auch ein Spezialist bist.»

«Bin ich», sagte Bettina, «für Vielseitigkeit, das weißt du genau, und Dressur ist meine Schwäche, das weißt du auch.»
Grohne-Wilte nickte.
«Noch. Mit dem wirst du ein Dressurcrack.»

Troilus zog ein in die letzte freie Box. Die gehörte eigentlich Bettina. Als Reitlehrerin hatte sie das Recht, kostenlos ein eigenes Pferd einzustellen. Sie nutzte das nicht – «Wann um alles in der Welt sollte ich mein eigenes Pferd reiten?», sagte sie immer –, sie nahm stattdessen in diese Box hin und wieder ein Berittpferd und besserte damit ihr kärgliches Gehalt auf. Mit Troilus' Einzug war der Ulmenhof voll, es gab keinen Platz mehr für ein Berittpferd und auch keine Gastbox. Das konnte auf Dauer nicht so bleiben, aber daran dachte Jana nicht, und Felix war ja nicht da.
Das Erste, was Troilus in seiner neuen Box tat, war: Er wälzte sich.
Grohne-Wilte schaute misstrauisch zu.
«Hoffentlich macht der das nicht immer. Sonst legt er sich noch fest in der Box. Mit den langen Beinen.»
Das saubere Stroh wischte ihm etwas von dem Matsch vom Körper, aber noch immer hätte Jana nicht sagen können, was für eine Farbe er hatte. Sie schauten ihm auch alle drei nur ins Gesicht. Ein Fohlenkopf, ein Kindergesicht, ein Rotzbengel, der seinem Lehrer Heftzwecken auf den Stuhl streut und Wassereimer über der Tür vom Klassenzimmer aufhängt.
War er ein dunkler Fuchs? War er braun? War er schwarz? Sicher war nur: Er war frech.

«Ich weiß nicht», murmelte Bettina, «also ich weiß nicht, ob das richtig war. Ich hätte ihn nicht gekauft.»
«Weil er ein Dressurpferd ist?»
«Nein – wegen der Ohren. Diese Ohren.»
Säbelohren. Mondsichelohren. Wie die Spitze einer dünnen Mondsichel schauten sie ihm aus dem dunklen Schopf von unbestimmbarer Farbe.
«Pferde mit solchen Ohren haben keinen guten Ruf», murmelte Bettina.
«Wieso?», fragte Grohne-Wilte. «Ich finde die Ohren lustig.»
«Ja – lustig. Die Frage ist nur, wer darüber lacht.»
«Du hast zu viele Bücher gelesen von solchen Pferdeflüsterern und diesen ganzen spinnerten Kram. Die sehen einen Wirbel zwischen den Augen oder solche Ohren, und sie sagen dir, wann der Gaul sich eine Sehne verzerrt, weil er in ein Karnickelloch tritt. Du hast zu viel so Zeugs gelesen.»
«Oder du zu wenig. Mondsichelohren – das sind Pferde, die … die …»
«Die was?»
«Du musst mit allem rechnen. Mit allem!»
«Du spinnst.»
«Ich denke, es wird einen Grund haben, dass du den bezahlen konntest. So wie der sich bewegt, jetzt schon, ist er eigentlich unbezahlbar.»
«Lehnst du ihn ab?»
«Nein! Ich mach das. Ich find ihn toll. Und Felix wird mir helfen.»
Felix?! Jana, Alberta und Theres schauten sich an. Wieso Felix?

Sie fragten nicht danach. Stattdessen erfuhren sie: Troilus' Vater war ein Vollblüter, seine Mutter eine Württemberger Stute aus einer alten Hannoveraner Linie, edelste Abstammung also.
«Ein Glückskauf», sagte Grohne-Wilte immer wieder. «Ein Glückskauf.»
Bettina wirkte weniger glücklich.
Jana putzte Askan etwas schneller als sonst. Sie wollte vor der Voltigierstunde in der Halle reiten. Oder? Ob man mal wieder auf dem Außenplatz reiten konnte?
In der Sattelkammer standen Grohne-Wilte und Bettina.
«Aber es regnet doch kaum noch», sagte er.
Und sie: «Der Boden ist mir zu rutschig.»
«Na und? Wenn jetzt hier ein Turnier wäre, würde der Geländeritt doch nicht abgesagt.»
«Schlimm genug», fand Bettina.
«Kann ich», fragte Jana, «kann ich draußen auf dem Platz reiten? Ich glaube, es wäre gut für Askans Lunge. Oder ist es schlecht für sein Hinterbein?»
«Siehst du», freute sich Grohne-Wilte. «Die scheut das bisschen Regen nicht. Die geht raus. Ja, du kannst raus.»
«Aber nicht ins Gelände», wandte Bettina ein. «Und wenn sie rutscht – sie muss ja gar nicht stürzen, sie kann sich schon eine Sehne verzerren, wenn sie nur rutscht.»
Warum soll ich mir eine Sehne verzerren?, dachte Jana. Die Sehne verzerrt sich nicht der Mensch, das passiert dem Pferd.
Und da verstand sie: Es war nicht von ihr die Rede. Die beiden sprachen über Dolly. Sehr langsam ordnete Jana Trense und Sattelzeug, aber sie erfuhr nicht mehr, als sie ohnehin

schon ahnte: Grohne-Wilte bestand darauf, dass Bettina mit Dolly ins Gelände ging.
Askan freute sich, dass er mal wieder auf dem Platz laufen durfte, aber Jana war etwas unkonzentriert und sah, wie Bettina, als sie mit Dolly hinausging, das Handy einsteckte. Grohne-Wilte stand am Zaun vom Außenreitplatz.
Jana ritt mehr linke Hand als rechte, damit schonte sie in dem tiefen feuchten Boden Askans rechtes Hinterbein, und nach ungefähr 20 Minuten, als sie gerade an Grohne-Wilte vorbeiritt, klingelte dessen Handy. Jana ritt eine Volte. Sie kam wieder an Grohne-Wilte vorbei und hörte ihn sagen: «Okay. Zeit läuft.»
Jana ließ Askan am langen Zügel weitergehen und kombinierte. Auf dem Parkplatz sah sie Felix. Er stellte gerade sein Rad ab.
Er kommt nur her, um Dolly zu pflegen, dachte sie. Das hat er schon mal gemacht, in den Sommerferien vor dem Turnier, als Dolly verkauft werden sollte. Da konnte man auch nicht mit ihm reden. Und Bettina hat Dolly wieder ins Training genommen, und Grohne-Wilte stoppt ihre Zeit, und in der Gastbox steht ein neues Pferd: Grohne-Wilte schickt Dolly in eine Vielseitigkeitsprüfung und will sie dann gleich da verkaufen, irgendwo hat er noch ein Turnier gefunden, bei dem eine Vielseitigkeit ausgeschrieben ist, sonst kriegt er seinen Wahnsinnspreis nicht – und dieser Troilus wird dann in Dollys Box einziehen – neben Askan – und Askan verliert seine beste Freundin.
Sie streichelte die dünne Mähne auf Askans Goldfuchshals. Niemand wusste besser als sie, wie sich das anfühlt, wenn man seine besten Freunde verliert.

Sie ritt auf Felix zu.
«Hallo», sagte sie. «Bettina ist mit Dolly im Gelände, und Grohne-Wilte stoppt ihre Zeit.»
Felix nickte.
«Ich habe kapiert», sagte sie. «Und da ist schon ein neues Pferd gekommen.»
«Ich weiß», murmelte Felix. «Der Glückskauf. Ich soll helfen, ihn auszubilden. Aber ich will keinen Glückskauf. Ich will Dolly.»

Es war Donnerstag, der einzige Tag in der Woche, an dem Alberta mit Sicherheit auf ein Pferd kam, denn da war die Voltigierstunde der Großen. Bettina trainierte diese Gruppe selber und hätte sie gern für Turnierprüfungen ausgebildet, aber im Augenblick war Alberta noch die Einzige, die dafür gut genug war.
Die Mädchen hatten das Voltigierpferd schon gerichtet. Tipi war ein großer, etwas klobiger Rappe mit einem breiten Rücken und einem butterweichen Galopp. Sie führten ihn in die Halle und ließen ihn schon einmal Schritt gehen. Theres half Alberta, ihre Haare hochzustecken, denn auch beim Voltigieren störte der Zopf, aber da sie keine Kappe tragen musste, konnte sie ihn um den Kopf winden. Bettina kam aus dem Gelände zurück, sie schien zufrieden, Dolly hatte offenbar eine gute Zeit und war nicht gerutscht.
Leider, dachte Jana.
Beim letzten Mal hatte Dolly sich kurz vor dem Turnier verletzt und das war der Grund gewesen, weshalb sie mit allerlei Tricks hatten verhindern können, dass sie verkauft wurde.

Bettina drückte Felix die Zügel in die Hand, und bevor sie zu ihrer Voltigiergruppe ging, sagte sie: «Er ist da. Hast du ihn schon gesehen?»
Felix wusste genau, was sie meinte, fragte jedoch abweisend: «Wen?»
«Den Neuen.»
«Den Glückskauf? Nein, ich will ihn auch nicht sehen.»
Gemeinsam versorgten sie Askan und Dolly, gerade so wie in alter Zeit, als Jana noch nicht mit ihren Freundinnen verkracht war und als sie noch nicht daran denken mussten, dass auch die beiden unzertrennlichen Pferdefreunde Askan und Dolly bald auseinandergerissen würden.
Jana hatte nun einen schlimmen Grund mehr, um traurig zu sein. Das war sie auch, und doch ging es ihr auf andere Weise auch ein klein wenig besser. Sie hatte Felix wieder neben sich, sie hatte hier jemanden, der mit ihr sprach. Allerdings sprachen sie nicht miteinander. Jeder streichelte sein Pferd, versorgte und verwöhnte es, und als Askan und Dolly, beide am Halfter, auf der Stallgasse die Hälse aneinanderlegten und jedes dem anderen sacht am Widerrist knabberte, da schauten sich ihre beiden Menschen verzweifelt an, denn nur sie wussten: Nicht mehr lange. Nicht mehr lange.
«Wann?», flüsterte Jana so leise, dass die Pferde es nicht hörten.
Und Felix gab genauso zurück: «In gut einer Woche. Übernächstes Wochenende. In Bad Brisach. Nur da ist noch ein Vielseitigkeitsturnier. Die Meldezeiten sind eigentlich vorbei, aber Grohne-Wilte hat durchgesetzt, dass er sie nachnennen konnte. Ich hatte gehofft, dass seine Pferde gesperrt sind wegen dem Doping beim letzten Tur-

nier, aber gesperrt wird der Reiter, und Bettina haben sie nicht verdächtigt. Ich muss mit. Ich soll Dolly wieder im Jugendspringen reiten.»

«Können wir da nicht wieder was drehen? Wir haben's doch schon mal geschafft.»

Aber Felix schüttelte den Kopf.

«Ich will ja, dass sie verkauft wird. Bettina wird helfen, dass wir da jemand finden, einen harmlosen Reiter, gut, aber harmlos. Wir müssen Dolly verkaufen, bevor Grohne-Wilte merkt, wie gut sie wirklich ist.»

Das nämlich wusste Dollys Besitzer nicht. Dolly war ein Pferd für den großen Spitzensport. Einen solchen Interessenten hatten sie beim letzten Turnier ausgetrickst, ohne dass Grohne-Wilte etwas davon bemerkt hatte.

«Und außerdem», fuhr Felix fort, «hat er jetzt diesen Gaul gekauft ...»

Felix sagte sonst niemals «Gaul».

«... den Glückskauf, und den kann er kaum bezahlen. Also muss er Dolly verkaufen, auch wenn er nicht seinen Wahnsinnspreis kriegt. Da haben wir jetzt eine Chance, dass jemand sie kriegt, weil er gut und nett ist, und nicht, weil er so irre viel Geld hat.»

Er drehte sich um und ging zur Halle. Bettina hatte das Tor offen gelassen, weil sich immer ein paar sammelten, die den voltigierenden Mädchen zuschauten, und Tipi sollte sich an Publikum von allen Seiten gewöhnen. Eigentlich wollten alle nur Alberta sehen. Sie konnte mit gestreckten Beinen über das galoppierende Pferd in den Außensitz springen, oder, ohne Tipis Rücken zu berühren, über ihn hinweg, oder – das war das Schwierigste – im Galopp von

der Außenseite aufspringen. Sie kam viel öfter dran als die anderen, weil sie alles vormachen musste.
Alberta genoss ihre Voltigierstunde, obwohl sie fast jedes Mal von Bettina auch einen richtigen Schlag ins Genick bekam. Und da kam er.
«Super, Alberta!», rief Bettina. «Aber bitte iss mal eine Portion Pommes weniger. Du darfst nicht noch schwerer werden. Ich will gar nicht mal sagen, es ist ein Problem für Tipi. Du kannst dich so leicht machen. Das ist irre. Bist du eigentlich hohl? Also Tipi kommt klar mit deinem Gewicht. Aber es sieht einfach irgendwann nicht mehr gut aus!»
«Finde ich überhaupt nicht», sagte Felix.
Jana wusste es. Ihm gefiel Alberta so, wie sie war. Fast jeden Donnerstag stand er hier und schaute ihr zu. Und seltsam, Jana hatte es oft genug genauso empfunden: Wenn die acht Mädchen in ihren engen roten Trikots neben Bettina standen, fand sie sieben richtig und Alberta zu dick. Sobald sie aber am Pferd waren, eine nach der anderen oder zu zweit oder zu dritt, dann fand sie Alberta richtig und die anderen zu dünn. Es war nichts Eckiges an Alberta. Es fehlte ihr alles Zackige, Kantige, sie strömte in weichen Wellen durch die Grundübungen: Fahne, Mühle, Schere … und sie floss in den Kosakenhang und den Schulterstand.
Die Stunde war zu Ende. Sie gingen in die Halle. Alberta stand erhitzt mit leicht gerötetem Gesicht, noch war sie voller Freude, über Bettinas Bemerkung ärgerte sie sich immer erst später. Aber diesmal sagte Rena etwas Schlimmeres: «Ich versteh nicht, wie du das machen kannst. Du schimpfst immer über unsere ‹Käfigpferde›, ich find ja, dass du recht hast, aber ich versteh nicht, wie du da voltigieren kannst.»

Alberta starrte sie an. Rena sprach weiter.
«Voltigieren ist ja wohl das schlimmste Gefängnis für ein Pferd, es ist ausgebunden, es ist geradezu gefesselt, es ist eingesperrt zwischen Longe und Peitsche und muss immer links herum laufen, und ihr springt auf ihm rum wie lästige Riesenfliegen. Ich meine, du machst das fantastisch, und ich schau dir gern zu, aber … »
Da wurde Alberta wütend.
«Es gibt Leute, die haben alles. Und dann kommen die und nehmen anderen das kleine bisschen weg, was die haben.»
«Entschuldige, Alberta, ich hab es nicht …»
«Doch, du hast! Du kannst dir alles nehmen. Du bist deutsch, du gehörst hierher, du bist klug, du darfst studieren, du bist schön, du nimmst dir einen reichen Freund, der kauft dir ein Pferd, und mir nimmst du alles weg. Ich bin hier fremd, ich komm in der Schule mal so eben mit, und wir haben kein Geld, und ich bin fett – und ich hab nichts außer Voltigieren!»
Das sagte Alberta mit den etwas schrägen Kirgisenaugen unter dem Turm geflochtener schwarzer Haare und über dem weichen runden Körper in dem roten Trikot.
Sie drehte sich um und löste Tipis Ausbindezügel.
«Pardon», flüsterte Rena, «oh, es tut mir so leid, und es muss ihr jemand sagen, wie schön sie ist, es muss ihr jemand sagen, mir wird sie nicht glauben.»
Niemand sagte es Alberta an diesem Tag, und trotzdem war es der Tag, der sie glücklich machte, denn eine Stunde später hatte sie etwas anderes als Voltigieren, und den Turm geflochtener schwarzer Haare hatte sie nicht mehr.

Grohne-Wilte holte Troilus aus seiner Box. Das wurde auch Zeit. Der junge Wallach langweilte sich. Er streckte seinen Kopf mit den Mondsichelohren auf dem langen Hals so weit aus dem Boxenfenster, dass er fast bei seinem Nachbarn hineinschauen konnte. Das Stroh hatte er alles schon in eine Ecke zusammengescharrt, seine unbeschlagenen Hufe trommelten auf dem kahlen Holzboden. Und er hatte die Selbsttränke entdeckt. Er drückte mit den Nüstern die Lasche hinunter, das Wasser lief, aber er trank nicht. Das Wasser strömte über den Rand der kleinen Schale, spritzte auf den kahlen Boden, der wurde immer rutschiger. Noch lachte Grohne-Wilte.

«Bettina, ich glaube, du hast recht! Leih mir mal ein paar Bücher von diesen Pferdeflüsterern. Man muss bei Troilus mit allem rechnen. Mit allem!»

Es rechnet aber keiner mit allem, niemals. In einem Kopf unter Mondsichelohren stecken immer noch ein paar Ideen mehr.

Troilus kletterte auf die Futtermulde. Er stellte beide Vorderbeine auf die zum Glück stabile, in den Beton eingelassene Mulde. Andreas, der durch die Stallgasse ging, sah als Erster den hohen Kopf auf dem langen, etwas dünnen Hals und rief: «Eine Giraffe! Schaut euch das an! Manfred hat eine Giraffe gekauft!»

Grohne-Wilte lachte noch immer. Er öffnete die Boxentür. Sofort hob Troilus die Vorderbeine aus der Futtermulde. Artig wie ein wohlerzogenes Turnierpferd streckte er den Kopf in das Halfter und lief wie ein Tänzer mit viel zu hohen Schritten hinter Grohne-Wilte her.

«Donnerwetter!», sagte Andreas. «Ja, ich verstehe, warum du

den gekauft hast. Das sieht man ja schon im Schritt, was der für Bewegungen hat.»
Was man immer noch nicht sah, war, welche Farbe dieses Pferd hatte. Grohne-Wilte band ihn an der Putzwand an und striegelte den Dreck ab. Es wurde voll um ihn herum. Wer konnte, nahm sich Zeit, und es konnte eigentlich jeder außer Bettina, die hatte Reitstunde.
«Ich glaube nicht, dass der weniger dreckig aussieht, wenn er geputzt ist», vermutete Maren.
«Der ist kein Brauner und kein Fuchs, der ist ein Dreckschwein», stimmte Robert zu.
«Hast du ihn darum bezahlen können?», fragte Andreas.
Grohne-Wilte antwortete mit einer alten Redensart: «Ein gutes Pferd hat keine Farbe. Das ist ja wohl das Allerletzte, was an einem Pferd wichtig wäre. Dein Malachit ist auch nicht ideal mit seiner schiefen Blesse.»
«Die mal' ich ihm gerade vor dem Turnier. Willst du jedes Mal das ganze Pferd einfärben?»
«Er ist stichelhaarig», sagte Grohne-Wilte. «Das seht ihr doch. Vielleicht wird er sogar noch ein Schimmel.»
Allmählich sahen es alle: Troilus war stichelhaarig. Er war eingetragen als Dunkelfuchs, denn Mähne und Schweif waren von derselben Farbe wie das Fell, über seinen ganzen Körper verteilt aber waren einzelne weiße Haare wie bei einem Fohlen, das sich vom Fuchs zum Schimmel wandelt. Nur – Troilus war so geblieben und nicht weiter «verschimmelt». Es gibt Pferderassen, bei denen das nicht ungewöhnlich ist, bei einem Warmblüter ist es äußerst selten.
Seit einer Viertelstunde nun stand Troilus brav an der

Putzwand, ließ sich striegeln und war offenbar gern der Mittelpunkt. Er hob auch artig die Beine und ließ sich die Hufe säubern. Ungefähr fünfzehn Minuten lang also hatte er keinen Unsinn gemacht. Dann fing er an zu scharren.
«Nein!», sagte Grohne-Wilte streng und legte ihm eine Hand auf das Vorderbein. Es sah so aus, als ob Troilus gehorchte.
«Der wird schon», freute sich Grohne-Wilte.
Er freute sich zu früh.
Troilus wich ein wenig zur Seite, hob wieder ein Vorderbein.
Um zu scharren?
«Nein!», sagte Grohne-Wilte.
Troilus setzte das Bein ab, senkte den Kopf, bewegte die Nüstern in kleinen Bogen über die Pflastersteine des Putzplatzes, beide Vorderbeine knickten ein wenig ein –
«Pass auf!», schrie Rena. «Der legt sich hin!»
Grohne-Wilte knallte ihm die Kardätsche unter den Bauch. Troilus sprang beiseite, stand schräg, im spitzen Winkel mit dem Kopf zur Wand, prustete, seine Mondsichelohren zuckten, die Augen blickten frech und widerspenstig, alle vier Beine gaben gleichzeitig nach, sein großer Körper senkte sich langsam.
«Hör auf!», schrie Grohne-Wilte.
Aber Troilus lag.
Und wälzte sich.
Er versuchte, sich zu wälzen. Das war schwierig, denn er hing an dem Strick. Der wäre vielleicht lang genug gewesen, wenn er sich gerade vor der Wand stehend hingelegt hätte. So aber hing sein Kopf fest und seine Beine zappelten in der Luft.
Wenn Wälzen in irgendeiner Reitsportdisziplin gefordert

würde, hätte Troilus die volle Punktzahl bekommen. Schon lag er auf dem Rücken, fiel wieder auf die linke Seite zurück, aber kam mit jedem Schwung näher an die kritische Stelle, über die er hinüberkippen würde auf die andere Seite.
«Vorsicht!», schrie Andreas. «Wenn der rumkommt, hängt er fest!»
Aber sie konnten nichts tun. Niemand trat in die Reichweite der heftig um sich schlagenden Pferdebeine und scheuchte ihn auf. Und er schaffte es. Einen Augenblick verhielt er reglos auf dem Rückgrat liegend, und es war zweifelhaft, in welche Richtung ihn das Übergewicht warf, dann kippte er nach rechts, seine Beine stießen gegen die Wand, klemmten aber nicht fest.
Stattdessen geschah etwas Schlimmeres. Sein hilflos um sich schlagender Kopf, festgehalten von dem Anbindestrick, verkeilte sich zwischen Strick und Wand. Er hatte keine Möglichkeit mehr aufzustehen. Auf der rechten Seite liegend konnte er die Beine nicht unter den Körper bringen. Wenn es ihm aber gelänge, sich nach links zurück zu wälzen, musste er sich mit dem Gewicht des eigenen Körpers mindestens einen Halswirbel brechen, wahrscheinlicher das Genick.
Alle durchschauten die Situation.
Ein paar Sekunden oder nur eine, nur eine einzige von diesen endlos langen Sekunden, die mit Zeit nichts mehr zu tun haben, nur noch mit Angst, war es vollkommen still.
Dann schrie Grohne-Wilte:
«Bettina!!!»
Aber die war in der Reithalle.
Hätte sie gehandelt?
Niemand konnte mitten zwischen die wütend, verzweifelt

trampelnden Vorderbeine des hilflosen Pferdes treten und das Ende des Stricks aus dem Ring lösen. Fast genauso gefährlich war es, sich seinem Kopf zu nähern und den Panikhaken zu öffnen.

Da standen sie:

Rena, die so oft schon mutig und schnell gehandelt hatte, bleich neben Andreas.

Und Alberta mit den geflochtenen schwarzen Haaren, die sich vom Kopf gelöst hatten und wieder in ihren Rücken fielen.

Andreas, der keinen Konflikt scheute und gern ein Risiko einging, mit starren Augen und zitternder Unterlippe.

Und Alberta rund und weich in dem roten Trikot.

Und Robert und Maren und Dominik und Julia und Theres, die würgte.

Und Grohne-Wilte, der ehemalige Militaryreiter, vollkommen furchtlos war er im Gelände über feste Hindernisse gesprungen, nach jedem Sturz wieder aufs Pferd gesprungen, nur nicht nach dem letzten vor ungefähr zehn Jahren, der ihm den Rücken verdarb.

Und Alberta mit den hohen Wangenknochen und ein ganz klein wenig dunkler Haut.

Barana sprang irre kläffend um Troilus herum.

«Schaff den Köter weg!», schrie Grohne-Wilte.

«Hier!», kreischte Theres. Barana gehorchte, und Theres sank heulend mit dem roten Hundekörper auf dem Pflaster zusammen.

Und Jana, die dachte: Ich tu's! Ich tu's! Jemand muss es doch tun! Ein Schritt und ein Ruck am Panikhaken und er ist frei. Es geht ganz schnell. So schnell wie ein Schlag, wenn er trifft mit dem Huf, ein Schlag an den Kopf und aus ist's, vorbei. Aber wenn ich es tu, wird niemand mehr sauer auf mich sein, und sie reden wieder mit mir, auch Alberta und Theres, das müssten sie doch, denn wenn ich es nicht tu und niemand sonst, geht er kaputt, und vielleicht wird Dolly dann nicht verkauft, aber man kann doch nicht zuschauen, wie er sich umbringt!

Und da war Felix, den man auf jedes junge Pferd setzen konnte, weil er sich nicht verkrampfte, weil er keine Angst hatte – er drehte sich um, wer schaut schon gern zu, wie ein vierjähriges Pferd sich zu Tode strampelt.

Und da war Alberta mit den Kirgisenaugen.

Die drückte sich an die Putzwand und schob sich langsam auf Troilus' Kopf zu.

Erst merkte es niemand, dann schrie Rena: «Lass es sein! Bleib weg!»

Grohne-Wilte starrte Alberta an und flüsterte: «Weg!», gerade so laut, dass Jana es hörte.

Albertas Kirgisenaugen fixierten die Pferdebeine. Und rasch wie eine Schlange schnellte ihre Hand vor, Hufe schlugen vor ihrem Kopf, sie griff den Panikhaken und riss ihn zurück. Dann sprang sie neben Rena und schloss die Augen. Ihre Lippen zitterten.

Troilus lag still. Den Kopf nun flach auf dem Boden. Auch die Beine rührte er nicht. Dann rollte er den Hals ein, warf sich mit einem Ruck – so geschickt – zurück nach links und stand auf.

Lange sagte niemand etwas. Es griff auch niemand nach dem Pferd. Troilus schüttelte sich. Er war von allen am wenigsten erschrocken, er wusste am wenigsten von der Gefahr.

Als Alberta die Augen wieder öffnete, schaute Grohne-Wilte sie an.
«Danke», sagte er heiser.
Und dann war es wieder still. Theres ließ Barana los. Die flitzte durch Troilus' Beine, stibitzte den Striegel und rannte damit herum. Noch immer hielt niemand Troilus' Halfter. Der langweilte sich schon wieder, schaute sich um, entdeckte den Zierrasen, zertrampelte ein paar Rosenbüsche und knabberte Grashalme.
Grohne-Wilte ging auf Alberta zu, fasste nach ihrem Zopf und zog daran, ganz sachte.
«Du», sagte er, «jetzt musst du den abschneiden. Jetzt brauchst du Platz für eine Reitkappe. Ich gebe dir ein Pferd.»
«Das haben Sie mir schon mal versprochen», sagte Alberta.
«Wann?»
«Als ich Dolly einen Hinterhuf gehalten habe. Beim Schmied.»
«Stimmt!»
«Da haben Sie mir versprochen, dass ich reiten darf. Und ich habe eine Longenstunde bekommen. Das war's dann.»
«Aber diesmal», versprach Grohne-Wilte, «schneidest du dir die Haare ab. Und ich werde jeden Tag daran erinnert, dass du reiten darfst.»

Als Bettina eine halbe Stunde später nach ihrer Reitstunde durch die Stallgasse ging, starrte sie entsetzt auf Alberta. Die hatte ihren halben Zopf in der Hand. Die Schleife war noch drin.

VERBESSERUNG 6

Am nächsten Morgen kam Alberta mit nur noch schulterlangem Haar zur Schule. Sie trug es im Nacken gebunden und nahm die Spange nicht heraus.

«Ich lass es erst mal so», sagte sie. «Meinem Vater zu Ehren. Er war toll! Das ist er nicht oft.»

Es hatte nicht den geringsten Ärger gegeben. Im Gegenteil! Ihr Vater war begeistert, dass sie den bonzigen Weicheiern gezeigt hatte, wie sehr dieses Land ein paar wirklich mutige und tatkräftige russische Spätaussiedler nötig hatte. Auch gegen Grohne-Wiltes Versprechen, Alberta kostenlos reiten zu lassen, hatte er nichts einzuwenden. Zwar nahm er nichts geschenkt, aber Alberta hatte sich das schließlich ehrlich

verdient. Nun brauchte sie also Reitkleidung, und ihr Vater bot an, seine Angelausrüstung zu verkaufen.
«Was soll ich hier damit?», sagte er. «Macht nichts als Ärger.»
Ihre Mutter war erleichtert. Nichts war ihr lieber, als ihren Mann von der Angel zu trennen. In Kasachstan brauchte man keinen Fischereischein. Wo es Fische gab, durfte jeder angeln. Und das hatte Albertas Vater auch in Deutschland zuerst getan. Zum Glück hatte er bei der Einreise das Gewehr abgeben müssen. Denn in Kasachstan war er zur Jagd gegangen, und wenn er das Gewehr noch gehabt hätte, wäre er – nichts Böses denkend – durch den nahen Wald geschlichen und hätte für den Familientisch einen Bock geschossen. Die Angel nahm ihm niemand, und es gab in Albertas Elternhaus immer noch bedenklich viel Fisch. Das würde nun ein Ende haben. Ihr Vater hatte nun wohl doch eingesehen, dass er sich diesem Land anpassen musste. Und ihrer Mutter war die Verwandlung der Angelausrüstung in Reitkleidung nur zu recht. Alberta würde also am Stall eine Anzeige aushängen: Suche Reitkleidung … denn in Theres' Hosen passte sie überhaupt nicht hinein und Janas bekam sie so gerade zu, konnte sich aber darin nicht bewegen. Und außerdem – mit Jana war das immer noch schwierig. Sie sprachen nur das Nötigste miteinander.
Jana hatte eine Hoffnung, einen neuen Lieblingsgedanken: Ich werde Alberta longieren, Theres kann das nicht, die hat noch nie ein Pferd longiert, ich bringe Alberta reiten bei, leichttraben, aussitzen, angaloppieren – alles – und wir werden bald, sehr bald wieder dieselben alten Freunde sein wie früher, und das geht dann auch mit Theres.

Niemand vermisste Albertas Zopf, alle bewunderten ihre neue Frisur, obwohl das eigentlich gar keine richtige Frisur war, die Haare waren abgeschnitten, das war alles. Trotzdem, alle fanden, Alberta sehe fantastisch aus, das stimmte auch, doch niemand erkannte den wirklichen Grund. Alberta war glücklich.

Jana war mitten unter denen, die Alberta bewunderten.

«Und wir nageln ihn fest», sagte sie, «ich meine Grohne-Wilte, wir nageln ihn fest auf sein Versprechen. Gleich heute longiere ich dich. Wann kommst du?»

Alberta wich ihrem Blick aus. Ein wenig von der Freude bröckelte ab wie alt gewordene Schminke, ein paar von ihren Bewunderern gingen, und noch ein paar, viel mehr war zu dieser Frisur, die im Grunde gar keine war, auch nicht zu sagen. Jana, Alberta und Theres blieben zurück.

Alberta schaute Jana wieder direkt in die Augen.

«Theres soll mich longieren», sagte sie.

Jana starrte Theres an, aber die drehte sich weg.

«Ich weiß, dass ich gemein war», sagte Jana. «Aber ich bin zum Rappenhof gegangen, ich habe mit Sven gesprochen, ich habe um Entschuldigung gebeten, er hat meine Entschuldigung angenommen – und ihr?»

«Du hast uns einen Traum kaputt gemacht», sagte Alberta.

«Hab ich nicht!», schrie Jana. «Die wären sowieso nicht gekommen nach dem Ärger mit der Stadtverwaltung.»

«Doch», flüsterte Theres, «Isa wollte kommen. Aber nach deinem Artikel nicht mehr.»

Jana wandte sich an Alberta.

«Es geht dir doch gut jetzt. Glaubst du, Isa hätte dir ein Pferd gegeben?»

«Weiß ich nicht. Vielleicht. Später. Ich kann arbeiten, und die brauchen Hilfe. Und ich weiß nicht, wie gut es mir wirklich geht. Ich bin immer abhängig von Grohne-Wilte, und ich mag ihn nicht besonders. Ich bin nicht gerne abhängig von jemand, den ich nicht mag. Du siehst, wie es Felix geht. Und mit Bettina krieg ich auch Krach. Die will mit der Voltigiergruppe zum Turnier, und ich mach nicht mit, weil Rena nämlich recht hat – und Theres hätte ein eigenes Pferd haben können!»

Askan, dachte Jana, wir könnten doch Askan … wir wollten doch Askan.

Aber sie traute sich nicht, es zu sagen.

«Ich finde, dass ihr auch gemein seid», flüsterte sie, «besonders du.»

Sie versuchte, Theres in die Augen zu sehen, aber die wich aus.

«Du hast Askan fallen gelassen wie … wie eine olle eklige Kröte, und nur weil du ein eigenes Pferd haben willst, weil ihr immer alles besitzen müsst …»

Nur ganz kurz schaute Theres sie an. Ihre Oberlippe zitterte über der Zahnspange.

«Nein», sagte sie. «Das ist es nicht.»

Und dann lief sie weg.

«Was ist es dann?» Jana schaute Alberta hilflos an. «Ist es, weil die Isländer im Offenstall leben? Weil ihr keine Käfigpferde mehr haben wollt?»

Alberta nickte: «Für mich ist es das. Und Theres – ach, du kennst sie doch …»

Aber so gut kannte Jana ihre Freundin offenbar nicht.

«Ich verstehe nicht», murmelte sie, «ich verstehe das nicht.»

«Du wirst dir Askan mit Natalie teilen müssen», sagte Alberta. «Oder er bleibt ein halbes Schul-»
Sie starrten sich an, denn plötzlich fiel ihnen auf, was sie noch gar nicht bemerkt hatten: Natalie war weg. Seit Tagen war sie nicht mehr am Stall gewesen.

Es regnete nicht mehr. Aber mit wem sollte Jana nun ausreiten? Sie hängte sich Askans Trense über die Schulter, sie hievte seinen Sattel herunter, da kamen Alberta und Theres in die Sattelkammer. Sie sagten kurz: «Hallo», und sammelten Tipis Ausrüstung ein: Trense, Ausbinder, Sattel, Longe.
Tipi, dachte Jana, Bettina hat ihnen Tipi gegeben, weil Theres nicht longieren kann, Tipi muss niemand longieren, da reicht es, wenn sie nur in der Mitte steht, und er kennt Alberta vom Voltigieren so gut.
Sonst teilte Bettina Tipi nie als Longenpferd ein, eben weil er schon im Voltigieren ging.
Und das alles nur, damit sie mich nicht brauchen, dachte Jana.
Theres hielt die schlecht zusammengelegte Longe in der Hand. Ein paar Schlaufen fielen ihr hinunter, die hob sie auf und verlor noch mehr. Bevor sie nur einen Schritt gegangen war, hatte sie sich in die Longe verwickelt. Alberta musste die Longe neu zusammenlegen. Wer half hier wem?
Bettina kam mit Felix. Der trug Reithosen. Jana schaute auf.
«Kann ich – kann ich mit Felix ausreiten?»
«Nein», sagte Bettina, «wir müssen springen. Aber sieh zu, dass Askan endlich mal wieder rauskommt. Lass ihn lang

gehen, dass er sich strecken kann. Und nicht auf matschigem Boden.»

Alberta fragte: «Wo ist eigentlich Natalie?»

«Hat sich abgemeldet», knurrte Bettina. «Reitet nicht mehr.»

Jana freute sich nicht. Sie wollte Askan nicht mit Natalie teilen, auf keinen Fall, aber sie konnte sich nicht einmal freuen, dass sie Natalie endgültig los war, und außerdem – «Reitet nicht mehr», Bettinas undeutlich knurrende Stimme lag ihr noch im Ohr – sie glaubte es nicht.

Alberta und Theres gingen aus der Sattelkammer, vielmehr sie wollten gehen, aber Theres blieb mit der Longierpeitsche in der Tür hängen. Wieder musste Alberta ihr helfen.

Jana band Askan draußen an der Putzwand an und mied den Anbindering, an dem Troilus sich gestern beinahe umgebracht hätte. Mit wem also sollte sie nun ausreiten? Rena war noch nicht da. Maren grüßte sie immer noch nicht, und also durfte Robert wohl auch nicht mit ihr reden. Maren hatte ihren Freund immer fest im Griff.

Wie die sich anstellen, dachte Jana.

Dabei haben sie selbst alles getan, um beim Stadtrat Stimmen gegen den Rappenhof zu sammeln, aber immer schön im Hintergrund, und einige freuten sich wahrscheinlich heimlich, andere ganz offen, dass die Islandpferde vertrieben waren. Nur schuld wollten sie nicht sein, das war jetzt Jana, ganz allein.

Was sie getan hatte, war fies, gab Jana vor sich selber zu, aber was die jetzt mit ihr machten, war auch fies.

Grohne-Wilte kam mit Troilus am Halfter vorbei – oder Troilus mit Grohne-Wilte am Strick. Der große Wallach

hatte sich artig vom Hof führen lassen, dann aber beschlossen, sein neues Umfeld zu erkunden. Seinem Besitzer blieb nichts anderes übrig, als ihm zu folgen.
Soll ich fragen, ob ich allein ausreiten darf, dachte Jana. Bloß nicht. Die sagen nein. Ich gehe. Wenn hier außer Askan niemand mehr zu mir hält, muss ich mit Askan allein gehen.

Sie war zum ersten Mal allein mit einem Pferd im Wald. Es war ein gutes Gefühl. Sie ging lange Schritt und mied die matschigen Wege. Askan war munter und freute sich. Da freute Jana sich auch.
Denn Jana Immerglück war nicht zum Leiden geboren.
Sie wusste hinterher nicht mehr, weshalb sie zu dem verlassenen Anwesen oben auf der Höhe geritten war. War es, weil der Weg, der zu dem alten Gutshaus führte, so gut unter Askans Hufen federte? Oder war die Idee, diesen Ort zu prüfen, zuerst da gewesen?
Denn, so dachte Jana, wenn man einen Fehler gemacht hat, ist es vielleicht wirklich nicht genug, um Entschuldigung zu bitten, man muss versuchen, den Fehler zu korrigieren. Wenn ich in einer Englischarbeit geschrieben habe: ‹What said you?› , schreibe ich auch nicht in der Verbesserung: «Please, excuse me, English Grammar», sondern: «What did you say?»
Der Weg war nicht gekiest und dennoch nicht matschig. Er war übersät mit Tannennadeln, das Wasser war abgeflossen, es war der beste Weg für einen kleinen Galopp im ganzen Wald, denn leicht bergauf führte er auch. Jana wartete auf die Rechtskurve und galoppierte Askan an, da sprang er zuverlässig in den Rechtsgalopp und das schonte sein rechtes

Hinterbein. Sie ließ ihm die Zügel, er sollte sich strecken, zurückhalten musste sie ihn nicht, so gut kannten sie sich und schon so lange.
Erst kurz bevor sie aus dem Wald kam, wurde der Weg steil. Sie parierte zum Schritt, sie traten auf die Hochebene und schauten hinüber zu dem alten Anwesen. Sie war nicht zum ersten Mal hier. Mit Felix, auch mit Rena war sie schon öfter hierher geritten. Das Haus und die Stallungen lagen im rechten Winkel zueinander, auf der anderen Seite die Scheune, dazwischen entstand ein weiter Innenhof, wo sie Dolly und Askan immer hatten frei laufen lassen. Das alles stand seit Jahren leer. Janas Vater hatte es fotografiert und darüber geschrieben, also wusste Jana zweierlei: Erstens sollte das Anwesen verkauft werden; und zweitens lag es jenseits der Gemeindegrenze. Es gehörte also zur Nachbargemeinde, ihr Stadtrat hatte darüber nicht zu beraten.
Jana saß ab. Askan frei zu lassen, wagte sie nicht. Wenn sie schon allein ausritt, wollte sie wenigstens nicht zu lange bleiben. Sie hatte das alles schon oft genug gesehen und musste es sich nur wieder ins Gedächtnis rufen: Die Stallungen wären ideal für einen Offenstall! Zur einen Seite könnten die Pferde auf ihren Paddock, bei langem Regen könnte man ihnen zur anderen Seite den geschützten und gepflasterten Innenhof öffnen.
Reithalle! Wo war so etwas wie eine Reithalle? Die Scheune würde als Lager für Stroh und Heu gebraucht. Ein Gebäude, das man zu einer Reithalle umbauen könnte, gab es nicht.
Dann müssen sie eine neue bauen, dachte Jana.
Das Haus war groß. Zu groß für Isa und Sven.

Aber die machen doch Kurse mit Feriengästen, dachte Jana.
Ob die aber so viel Geld hatten, um das zu kaufen?
Nun, es war alles nicht gerade gut erhalten.
Jana prüfte ihre Gefühle.
Mache ich wieder so einen Fehler, dachte sie.
Aber sie hatte ein vollkommen gutes Grundgefühl. Und als sie den Rappenhof ausspionierte, hatte sie das nicht gehabt.
Die Islandpferde sollten auf den alten Gutshof ziehen – und Theres würde ihr Pony bekommen – und Alberta müsste keine Käfigpferde mehr betreuen – und sie könnten sich immer beim Ausreiten treffen – und sie hätten fast den gleichen Weg zum Stall – und die Nachbargemeinde hatte noch keinen Reitstall; trotzdem waren sie Pferde gewohnt, denn hierher kamen viele vom Ulmenhof – und der Rappenhof wäre gleich neben dem Ulmenhof – und Grohne-Wilte und Bettina würden platzen vor Wut.
Sollen sie doch, dachte Jana, so schlimm kann das nicht werden mit der Konkurrenz, vielleicht passiert ja ganz das Gegenteil, und es kommen immer mehr Leute und lernen reiten auf Isländern und dann wollen sie große Pferde und kommen zu uns.
Sie schaute auf die Uhr. Eigentlich sollte sie zurückreiten. Aber sie wollte unbedingt noch mehr über das Anwesen erfahren und dazu musste sie den nächsten Bauern fragen; weit war es nicht, auch dort waren sie schon mit den Pferden gewesen.
Jana saß wieder auf und ritt weiter ins Hinterland. Dabei schaute sie, ob irgendwo ein Bach war, Fließgewässer, das

diese Mücken anzog, die die Islandpferde so quälten. Aber sie sah nirgendwo Wasser.
Sie hatte Glück und traf den Bauern auf dem Feldweg mit dem Traktor. Er fuhr einen Güllewagen hinaus. Jana winkte ihm zu. Er hielt und stellte den Motor ab.
«Na, schreckhaft?», fragte er.
«Wie? Schreckhaft?», fragte Jana zurück.
«Scheut dein Pferd? Vor dem Traktor?»
«Nein», Jana lachte und streichelte Askans Hals. «Er scheut nicht. Ich wollte Sie was fragen.»
Und das war das Ende von Janas schönem Plan. Sie erfuhr, das Anwesen sei seit zwei Monaten verkauft. An einen Amerikaner. Der wollte einen Wohnsitz in Old Germany hoch über dem See. Oder er wollte hier Rinder züchten, so was hätte er auch gehört, Black Angus, weil die Deutschen jetzt so gern diese Steaks essen, Genaueres wisse er nicht.
«Ach so», murmelte Jana leise, «ja dann – schade.»
Der Bauer war nett und fragte, ob er helfen könne. Sie schüttelte den Kopf. Trotzdem erzählte sie ihm von den Islandpferden.
«So», sagte er, «hab ich in der Zeitung gelesen. Wir haben denselben Lokalteil wie ihr, weißt du.»
Jana wusste das.
«So, die ziehen jetzt also ganz woandershin. Das stand noch nicht in der Zeitung. So.»
Jana bedankte sich und wendete Askan. Traurig und langsam ritt sie zurück, obwohl sie sich nun eigentlich hätte beeilen müssen.
«Wart mal!», rief der Bauer.
Jana drehte Askan noch einmal um.

«Warum gehen die mit ihren Islandponys jetzt so weit weg? Weil diese Leute so viel Ärger hatten mit der Stadt?»
«Auch», sagte sie. Mehr erzählen wollte sie nicht.
«Ja – dann – komm gut zurück», sagte er.
Jana war schon fast wieder bei dem Gutshof, als sie hörte, dass der Traktor wieder angelassen wurde.
Zurück brauchte sie lang. Es ging nicht schneller. Den Hügel hinunter musste sie Schritt reiten. Sie stieg ab und führte Askan, legte ihm die Hand auf den Widerrist, sie hatte nichts erreicht, Askan würde ihr einziger Freund bleiben. Und ein Donnerwetter erwartete sie am Ulmenhof. Grohne-Wilte würde sich auf sie stürzen oder Bettina oder beide. Sie hätte nicht allein ausreiten dürfen und dann auch noch so lange.
Als der Weg wieder eben war, stieg sie auf.
Sonst glauben die noch, er lahmt, dachte sie.
Askan war munter, sie hatte ihn nicht überfordert.
Aber das Donnerwetter erwartete sie trotzdem. Dachte sie.
Sie irrte sich. Weder Bettina noch Grohne-Wilte fielen über sie her. Es war noch viel schlimmer.
Niemand hatte sie vermisst.

7 DREI TAGE FREI VOM ULMENHOF

Jana bummelte in ihrem Zimmer herum, überlegte, welche Reithose sie anziehen sollte – ob sie überhaupt eine Reithose anziehen sollte –, Askan ging heute im Schulbetrieb, und so wie man sie im Augenblick behandelte, hatte sie keine Chance, irgendein anderes Pferd zu bekommen, und sei es nur zum Trockenreiten.
Albertas Longenstunde gestern war ein voller Erfolg gewesen. Daran, dass Theres perfekt longiert und unterrichtet hatte, konnte es nicht gelegen haben. Alberta war eben begabt. Sie konnte sofort leichttraben und auch den Fuß wechseln, und Bettina hatte sie gleich in eine Anfängerstunde eingetragen. Das alles hatte Jana so mitbekommen, erzählt hatte es

ihr niemand, denn es sprach ja niemand mit ihr. Auch Felix nicht. Der war gar nicht mehr da gewesen. Er war seinen Parcours mit Dolly gesprungen und bald gegangen.
Warum soll ich überhaupt hingehen?, dachte sie. Um Askans Nasenriemen zu prüfen und seinen rechten Hinterhuf auszukratzen? Das macht Bettina selber, wenn ich nicht da bin. Aber sie hat nicht gemerkt, wie lange ich gestern weg war, also wird sie auch nicht merken, wenn ich überhaupt nicht da bin. Ich werde hingehen. Wegen Askan. So wie Felix. Kurz hinfahren, Pferd versorgen und wieder weg.
Was für ein komisches Gefühl, wenn man am liebsten zu Hause ist. Sie war immer gern zu Hause gewesen, aber lieber doch am Stall.
Reithose – sie würde eine Reithose anziehen, das war normal und niemand konnte dumme Fragen stellen. Sie schaute aus dem Fenster. Ob Theres schon weg war? Was für ein fürchterliches Pech aber auch, dass der Hof oben am Berg verkauft war. Es wäre ideal gewesen. Für alle – außer Grohne-Wilte. Konnte sie noch irgendetwas tun für ihre «Verbesserung»?
Anrufen! Die Nummer vom Rappenhof hatte sie. Wenn man mehr wissen will, muss man fragen. Journalistenregel. Hatte sie von ihrem Vater gelernt.
Sie rief den Islandhof an. Aber es meldete sich nur Svens Stimme auf dem Anrufbeantworter:
«Guten Tag. Hier ist die Islandpferdereitschule Rappenhof. Wir sind im Augenblick nicht da. Leider können wir auch keine Anmeldungen für Reitstunden und Ausritte mehr entgegennehmen, da wir im Begriff sind umzuziehen. Wenn Sie Interesse an unseren zukünftigen Ferienkursen haben

und einen Prospekt zugesandt haben möchten, so sprechen Sie bitte Ihren Namen und Ihre Anschrift nach dem –»

«Hallo?»

Der Hörer wurde abgenommen und eine atemlose Mädchenstimme sagte:

«Hier Islandpferdereitschule Rappenhof.»

«Ähh – hier ist Jana. Sven oder Isa sind nicht da?»

«Nein, die richten die neuen Ställe her, aber wir machen die nächsten zwei Wochen noch Unterricht. In welcher Gruppe bist du?»

«Ähhh – gar nicht – ich – ähh – ich wollte nur fragen, ob das jetzt ganz sicher ist, dass ihr so weit weggeht, ob ihr nicht vielleicht doch hier in der Nähe …»

Ein paar Augenblicke war es völlig still. Dann sagte das Mädchen am anderen Ende, und es klang mehr verzweifelt als wütend: «Da geht gar nichts mehr. Isa und Sven verhandeln mit dieser Stadt nicht mehr. Und dann war hier so ein Ekel und hat uns mies gemacht und alles versaut. Also was willst du?»

«Nichts», sagte Jana und legte auf.

Das hatte erstens nichts gebracht und zweitens ihre Stimmung nicht verbessert.

Sie setzte sich auf ihr Bett und zog die Beine an. Ihre beiden Reithosen lagen noch immer mitten im Zimmer. Es ist nichts dagegen zu sagen, wenn man Eltern hat, die gute Freunde sind. Es ist aber ziemlich bescheuert, wenn sie die einzigen Freunde sind. Über ihrem Schreibtisch hing ein Foto vom kompletten Rundumbeschlag: Jana, Alberta, Theres und Felix lachend auf dem Zaun vom Außenreitplatz. Das Foto war keine drei Monate alt. Und jetzt? Ende einer

Freundschaft. Sie hatte nur noch Askan. Und der war ihr auf den Fotos an den Wänden fast lieber als lebendig in seinem Goldfuchsfell im Stall: Askan mit Dolly und Dolly mit Askan und Askan mit Dolly – um Himmels willen!!! Jana zuckte betroffen zusammen. Es war Mittwoch. Am Freitag sollte der Geländeritt für Dolly in Bad Brisach sein. Morgen gleich nach der Schule würden alle zum Turnierplatz fahren, auch Felix, der den Freitag schulfrei bekommen hatte. Und zurückkommen würden sie mit leerem Hänger, denn so gut wie sicher würde Dolly dieses Mal verkauft werden, und Troilus würde in die leere Box neben Askan einziehen. Es war heute der letzte gemeinsame Tag für Askan und Dolly. Ende einer Freundschaft. Und am Sonntag nach dem Turnier würde Felix sich von Dolly trennen müssen. Auf immer. Ende einer Freundschaft.
Jana sprang in ihre Reithose, sie merkte nicht in welche, und jagte zum Stall. Da dachte sie nur an ihr eigenes Elend, aber Askan und Dolly und Felix waren noch viel schlimmer dran. Sie konnte immer noch hoffen, die beiden Freundinnen irgendwann wieder für sich zu gewinnen – für diese drei war alles aus.

Auf dem Ulmenhof stand Grohne-Wiltes Hänger mitten auf dem Parkplatz, die Rückklappe war heruntergelassen. Grohne-Wilte kam gerade mit Dolly am Halfter. Jetzt schon? Hatte Jana auch den letzten Tag ihres Zusammenseins verpasst? Wen konnte sie fragen? Alberta und Theres saßen auf der Bank neben dem Parkplatz. Die würde sie nicht fragen. Aber Felix. Der lehnte an der letzten Ulme und zerquetschte mit der Stiefelspitze Löwenzahn und Grashalme.

«Fahrt ihr jetzt schon?»
Felix schüttelte den Kopf.
«Grohne-Wilte will nur üben, dass sie auf den Hänger geht. Kennst sie doch.»
Und schon blieb Dolly stehen. Sie war noch einen Meter von der Hängerrampe entfernt, da stemmte sie die Vorderbeine auf den Boden und hob den Kopf, fluchtbereit.
«Stimmt», sagte Jana. «Das schafft er nicht. Nicht ohne Askan. Wenn jemand sie allein auf den Hänger kriegt, dann bist du das. Wie kann man so ein Pferd verkaufen!»
Sie blickte hinüber zum Stall. Askan schaute nicht aus seiner Box.
«Ist Askan in der Reitstunde?»
Felix nickte.
«Die sind gleich fertig. Dann kommt Bettina, aber die hat schon gesagt, dass sie Dolly nicht in einen Hänger ohne Askan führt. Sie macht es nicht.»
«Und du?»
«Ich hab sie auch noch nie allein in den Hänger gebracht.»
Jana sah, dass bei Troilus' Box das Fenster geschlossen war.
«Was ist mit Troilus? Warum ist das Fenster zu?»
«Weil er heute Nacht rausgeklettert ist. Hermann hat ihn heute Morgen in seinem Gärtchen gefunden. Den Feldsalat hatte er schon gefressen. Als Hermann kam, wälzte er sich gerade im Erdbeerbeet.»
Trotz allem musste Jana grinsen: der Glückskauf.
Bettina kam und setzte sich auf die Bank neben Alberta. Also war die Reitstunde zu Ende und Jana könnte zu Askan gehen. Aber sie mochte nicht von Dolly weg. Grohne-Wilte hielt der Stute einen Futtereimer vor die Nüstern. Dolly

schnaubte und zerrte am Strick, rückwärts. Wenn sie sich aufregte, war sie mit Futter nicht zu locken.
«Felix, kommst du mal her!»
Das war keine Frage, das war ein Befehl. Felix folgte. Jana blieb allein. Sie ging hinüber zur Bank und stellte sich neben Bettina.
Felix streichelte Dolly, dann nahm er ihren Halfterstrick und führte sie langsam zum Hänger. Sie lief zögernd hinter ihm her, er ging die Rampe hinauf, Dollys rechtes Vorderbein berührte die Klappe, dann das linke – da stand sie. Felix drehte sich zu ihr um, lockte, sie sprang zurück. Das machten sie wieder und wieder, dreimal, viermal: Felix ging auf die Rampe, Dolly betrat sie mit beiden Vorderbeinen und stand, er drehte sich um, sie sprang zurück.
«Ist ja interessant», murmelte Bettina. «Ich glaubte fast, er würde es schaffen, wenn nicht – ist er nun besonders doof oder ist er besonders klug? Hat er Monty Roberts gelesen oder eben nicht?»
«Hat er nicht», sagte Alberta. «Er macht es nicht absichtlich. Er hat keine Ahnung, was er da macht.»
«Was macht er denn?», fragte Theres.
«Ihr solltet mal ein paar Pferdebücher lesen. Wie Alberta. Er darf nicht zurückschauen. Damit fordert er Dolly auf zurückzuweichen. Ist Pferdesprache.»
«Du meinst, er könnte es schaffen?»
Das rutschte Jana heraus, und vielleicht hätte sie sogar eine Antwort bekommen, aber Bettina sprang auf, Grohne-Wilte hatte plötzlich eine Longe und eine Gerte in der Hand und Bettina rief: «Tu's nicht, Manfred. Lass es!»
Grohne-Wilte hängte ein Ende der Longe in die Verrie-

gelung der Hängerklappe ein, zog die Longe um Dollys Hinterhand unter dem Schweif durch.
«Lass es, Manfred, bitte!»
«Was glaubst du, wie viele Gäule ich damit schon auf den Hänger gebracht habe?!», rief er zurück.
Bettina setzte sich wieder.
«Und einmal geht's schief», murmelte sie. «Ich habe gesagt, ich helfe ihm nicht, aber kann ich hier sitzen und zugucken, wie er unser bestes Pferd umbringt?»
«Wieso? Was passiert?»
Das schien selbst Alberta nicht zu wissen.
«Ihr kennt Dolly. Sie steht blitzschnell auf den Hinterbeinen. Und wenn sie mit den Vorderbeinen schon höher war, eben auf der Rampe, steht sie sofort kerzengerade. Dann wirkt die Longe an ihrem Hintern wie ein Drehpunkt und sie macht einen Salto rückwärts. Ist keine gute Übung für Pferde. Sollte man Turnern überlassen. Pferde stehen davon manchmal nicht mehr auf.»
«Was machen die Leute, die Dolly kaufen?»
Bettina zuckte die Achseln.
«Das ist ihm scheißegal. Es ist nicht einmal Betrug. Er schreibt nicht in den Kaufvertrag, sie sei verladefromm.»
«Was?», fragte Theres.
Das Wort kannte sie nicht.
«Verladefromm», wiederholte Alberta, ohne zu stocken. Es war eines der wenigen deutschen Wörter, die sie kannte und Theres nicht. Sie hatte es gelesen in einem ihrer Pferdebücher.
«So nennt man das, wenn ein Pferd sich ohne Probleme verladen lässt.»

Grohne-Wilte gab Felix ein Zeichen, der zog mit einem kurzen Ruck am Führstrick, da er in den Hänger hineinschaute, folgte Dolly ihm, ihre Vorderbeine standen hoch auf der Rampe, sie blieb stehen, Grohne-Wilte zog an der Longe, versuchte sie von hinten weiter die Rampe hinaufzuschieben, und tippte mit der Gerte auf ihre Kruppe. Dolly stieg.
Bettina sprang auf.
«Lass los!!!», schrie sie.
Dolly entriss Felix den Strick, die Longe raste durch Grohne-Wiltes Hände, die Stute rannte die Rampe hinunter und noch ein paar Meter rückwärts über den Parkplatz.
«Ich kann nicht zuschauen», flüsterte Bettina. «Ich will ihm nicht helfen bei diesem Schwachsinn, aber zuschauen kann ich noch weniger. Noch einmal macht er das nicht.»
Sie ging langsam auf den Parkplatz. Jana spürte, dass sie innerlich rannte, aber sie musste sich ruhig bewegen. Dolly ließ sich von Felix greifen, doch sie zitterte und er hatte Mühe, sie zur Ruhe zu bringen.
Grohne-Wilte schaute auf seine linke Hand, durch die die Longe gerast war, in seiner anderen Hand bebte die Gerte. Felix führte Dolly auf dem Parkplatz hin und her, allmählich beruhigte sie sich, streckte den Kopf nach unten und schnaubte.
Grohne-Wilte schnaubte höchstens vor Wut und beruhigte sich nicht.
«Bring sie wieder her, Felix!», befahl er.
Felix kam. Bettina trat dazwischen.
«Ich mache fast alles, Chef», sagte sie, «aber vollkommenen Blödsinn mache ich nicht. Es gibt nur eine anständige Art, Dolly auf einen Hänger zu bringen, und du weißt es.»

Grohne-Wilte war puterrot im Gesicht. Die Gerte wippte in seiner Hand.
Er wird sie verprügeln, dachte Jana, beide, Dolly und Bettina auch.
Aber das tat er nicht. Jana kannte ihn seit vier Jahren, sie mochte ihn nicht besonders, aber sie musste zugeben, er hatte in dieser Zeit nie ein Pferd geschlagen, nie.
Sie sah, wie er die Longe zusammenlegte und dann –
«JANA!!!»
Na toll! Das war nun das erste Mal seit zehn Tagen, dass er sie ansprach.
Sprach? Schrie!! Brüllte!!!
«HOL DEN ASKAN!!!»
Jana flitzte in den Stall. Ein Mädchen war noch in Askans Box und mühte sich um den rechten Hinterhuf.
«Lass nur», sagte Jana, «ich mach das.»
Und zu Askan: «Komm, Lieber, tut mir leid, dass ich dich warten lasse, aber ich war bei deiner Freundin, jetzt komm, mal sehen, was daraus wird.»
Sie führte Askan auf den Parkplatz und auf einen Wink Grohne-Wiltes in den Hänger, dann hörte sie Dollys Hufe auf der Rampe klappern und drin war sie. Felix und Jana im Dunkel des Hängers schauten sich an.
Da kam der Befehl: «Felix kommt raus und Jana führt Askan zurück.»
Und wieder schauten Jana und Felix sich an.
«Ich bleib bei ihr», sagte Felix.
Jana führte Askan vom Hänger. Dolly fing an zu tänzeln und zu schnauben, aber Felix beruhigte sie. Grohne-Wilte schloss die Klappe.

«Was ist nun, Felix? Du kannst nicht den ganzen Weg bis Bad Brisach mit ihr im Hänger bleiben. Das ist verboten.»
Felix schlüpfte durch das Türchen vorn am Hänger.
Sofort fing Dolly an zu toben. Sie streckte den Kopf durch das Türchen und wollte ihm nach, sie schob den ganzen Kopf durch die kleine Tür und ihre Hinterhufe trommelten gegen die Rückwand.
Bettina sprang zu Felix.
«Mach die Klappe wieder auf!», schrie sie Grohne-Wilte zu und kämpfte mit Dollys Kopf, drückte ihn so weit zurück, dass sie Felix wieder hineinschieben konnte.
Grohne-Wilte hatte die Klappe heruntergelassen.
«Ich hab dir erzählt», zischte Bettina ihn an, «vor ein paar Jahren hab ich erlebt, wie ein Pferd, das war auch ein Trakehner, durch diese kleine Tür da vorn rausgekrochen ist, das ganze Pferd, da raus, hat sich das Rückgrat gebrochen, war fertig, und ich sag dir eins: Mit Dolly allein auf dem Hänger fahre ich keinen Meter, auch nicht mit dir, wenn du fährst.»
«Jetzt mach keine Panik. Sie beruhigt sich doch. Gib ihr eine Chance. Wie soll ihr späterer Besitzer sie verladen?»
«Genau! Das frage ich mich auch.»
«Das ist dann nicht mehr mein Problem.»
«Und wenn du keinen Käufer findest, keinen, der deinen Preis zahlt, dann stehen wir in Bad Brisach – soll Felix sie zurück reiten?»
Es gelang Felix im Hänger, Dolly wieder zu beruhigen.
«Okay», sagte Grohne-Wilte. «Bring sie raus, Felix. Wir nehmen Askan mit.»
Na toll! Auch das noch. Jetzt war Jana wirklich nah daran zu

heulen. Das würde ein Wochenende! Felix weg, Dolly weg und jetzt auch noch Askan weg. Wen hatte sie noch hier?
Sie führte Askan rasch auf die andere Seite der Hängerklappe. Damit hatte Dolly rechts neben sich Platz auf der Trittfläche und links neben ihr stand Askan. Das machten sie immer so. Felix ließ die Stute zurücktreten, sie spürte den Freund neben sich und ging mit sicheren Tritten vom Hänger.
Und Grohne-Wilte sagte: «Aber dann kann Askan auch was tun.»
Er schaute Jana an.
«Glaubst du, du kriegst morgen schulfrei?»
«Klar.»
«Die Programmhefte sind natürlich gedruckt, aber ich denke, dass ich noch nachmelden kann. Jugendreiterprüfung oder Jugenddressur, du musst nehmen, wo ich dich noch reinkriege. Morgen um zwei fahren wir los. Klappt das?»
Jana nickte.
Weg von hier! Drei Tage frei vom Ulmenhof, wo alle sie angifteten. Turnierplatz und viele viele Pferde. Und – Jana und Felix schauten sich an: Dollys und Askans Freundschaft würde drei Tage länger dauern.

Freitagmorgen brachen sie auf:
Zwei Pferde, drei Sättel, drei Trensen, ein Sack mit Dollys Spezialfutter, ein Sack mit Askans Normalfutter, Decken, Gamaschen, Springglocken, drei Rucksäcke, zwei Schlafsäcke, vier Turnierjacketts, vier Paar Reitstiefel, vier Kappen, drei Reiter – ein Besitzer, denn Grohne-Wilte gehörte von dem fast alles. Felix natürlich gehörte ihm nicht, sonst

könnte er tun, was der Schmied mal gesagt hatte, als Dolly sich problemlos beschlagen ließ, weil es Felix war, der ihr die Hufe aufhielt: «Wenn Sie das Pferd jemals verkaufen», hatte der Schmied gesagt, «dann müssen Sie wohl den Jungen mit verkaufen.»

Aber wem auch immer der ganze Kram gehörte, den Grohne-Wilte auf dem Parkplatz mehrmals umschichtete, es würde das alles auf keinen Fall in seinen Landrover passen.

«Bettina, wir müssen mit zwei Autos fahren», sagte er.

Das hatten die anderen schon gemerkt und angefangen, die Rucksäcke zu Bettinas altem Mercedes zu schleppen.

«Schafft dein Daimler-Opa das? Oder willst du meinen Golf?», fragte Grohne-Wilte.

Bettina drehte das Hufeisen am Heck ihres Wagens wieder so, dass das Glück hineinfallen konnte.

«Schaffen wir», versicherte sie. «Ich will deinen Golf nicht.»

«Denk mal, was deine alte Kiste frisst. Bei den Benzinpreisen.»

«Diesel.»

Bettina warf die Rucksäcke auf den Rücksitz.

Und wer fährt mit wem?, dachte Jana.

In ihrer Vorstellung hatte sie zusammen mit Felix im Fond des Landrovers gesessen und mit niemandem als Felix reden müssen.

«Felix fährt natürlich mit mir», bestimmte Grohne-Wilte. «Wenn es irgendwelche Zwischenfälle gibt, kann es sein, dass ich ihn brauche.»

Jana warf rasch ihren Schlafsack und die Reitstiefel in den Landrover und ihre Schultertasche mit den Papieren auf den Rücksitz.

«Wir fahren Kolonne», sagte Grohne-Wilte, «und bleiben in Handy-Kontakt. Es ist also besser, wenn Jana mit dir fährt. Ich find das nicht gut, wenn der Fahrer telefoniert. Außerdem ist es verboten.»
Bettina sah nicht begeistert aus, aber Jana fasste einen Entschluss. Sie nahm ihre Schultertasche wieder aus dem Landrover. Sie würde mit Bettina reden, und wenn die nicht wollte, würde sie das Gespräch erzwingen.
Jetzt fehlten nur noch die Pferde. Jana ging zu Askan. In der Stallgasse lief ihr Rena entgegen.
«Ist Theres schon da?», fragte sie.
Jana zuckte die Achseln.
«Woher soll ich das wissen?»
«Stimmt. Euer Rundumbeschlag hat ein Eisen verloren. Wird Zeit, dass es wieder aufgenagelt wird. Also, du weißt nicht, wo sie ist?»
«Theres? Nein.»
«Wer könnte sonst die Nummer von den Leuten mit den Isländern haben?»
«Was willst du damit?»
«Da ist der Bauer vom Hof da hinter dem alten Gutshaus am Telefon. Der will die Nummer von dem Hof. Rappenhof, heißt er, oder?»
«Da ruft er hier an?», wunderte sich Jana. «Warum ruft er hier an?»
«Keine Ahnung.»
«Ich hab die Nummer vom Rappenhof, aber nicht hier. Ruf doch Theres an.»
Sie gab Rena die Nummer und führte Askan zum Hänger. Felix folgte mit Dolly. Und sie dachte nicht mehr darüber

nach, warum ein Bauer von dem Hof hinter dem alten Gutshaus unbedingt mit Sven oder Isa sprechen wollte.

Bettina fuhr langsam. Das musste sie. Sie sollte hinter Grohne-Wilte bleiben und der durfte mit dem Hänger nicht schneller als 80 km/h fahren. Es war nicht allzu viel Verkehr und sie erreichten bald die Schnellstraße. Gemütliches Fahren auf der Schnellstraße – beste Chancen für ein Gespräch.
«Hm», machte Jana.
Bettina schaute starr geradeaus.
«Hm», machte Jana etwas lauter.
Bettina reagierte nicht.
«Also», sagte Jana, «ich finde, du könntest allmählich wieder mit mir reden.»
Immerhin, Bettina gab eine Antwort.
«Ich kann nicht so gut mit hinterhältigen Leuten, die aus lauter Dummheit den ganzen Ulmenhof in Verruf bringen.»
Jana zitterte. Nicht brüllen, dachte sie. Wer brüllt, hat unrecht.
«Ich habe keinen Ulmenhof in Verruf gebracht. Wenn ich jemand geschadet habe, dann dem Rappenhof. Und Theres. Aber nicht euch.»
«In der ganzen Stadt wissen sie, dass jemand vom Ulmenhof diesen widerlichen Artikel verzapft hat.»
«Woher wissen sie das? Wer hat das erzählt?»
Bettina schwieg. Also sprach Jana weiter.
«Es ist so gemein. Weil ihr in Wirklichkeit ganz froh seid, dass ich das gemacht habe. Maren grinst sich eins ab, und wenn sie glaubt, ich höre das nicht, sagt sie, wie gut, dass wir die

Isländer vergrault haben. Aber ich höre das. Wenn niemand mehr mit mir redet, heißt das ja wohl nicht, dass ich auch nichts mehr höre.»
«Natürlich sind wir froh, dass die nicht kommen. Aber so ist das keine Art.»
«Ist es eine bessere Art, den Stadtrat aufzuwiegeln? Ist das nicht hinterhältig?»
«Sachliche Gründe. Da hatten wir nichts als sachliche Gründe. Wir haben keine bösen Gerüchte verbreitet. Von wegen Seuchengefahr und so.»
«Ich weiß doch, dass es dumm war!»
Jana fing doch an brüllen. Wenn man seinen eigenen Fehler zugibt, kann man das brüllen. Damit hat man schließlich nicht unrecht.
«Und gemein war es auch. Weiß ich! Aber ich bin hingegangen und habe um Entschuldigung gebeten.»
«Ich bin auch hingegangen», unterbrach Bettina.
Das stimmte. Kein Zweifel, das stimmte. Aber da fiel Jana etwas auf.
«Oh ja, du bist hingegangen. Aber wann? Als *ich* den Fehler gemacht habe, da bist du hingegangen. Da stehst du gut da, wenn jemand anders das Arschloch ist. Da bist du fein raus. Jana ist schuld, und ihr seid faire Reiterkollegen. Ihr wart genauso gemein und hinterhältig, nur nicht so dumm, und mich habt ihr die Drecksarbeit machen lassen, nein, stimmt nicht, ihr habt genau solche Drecksarbeit gemacht, nur die Drecksschuld, die kriege ich allein, da kommst du dir toll vor und bist genauso fies und gemein wie ich.»
Bettina fuhr nicht nur langsam, sie fuhr zu langsam, ein klappriger alter Opel überholte sie.

Jana schaute jetzt auch starr aus dem Fenster. Was hatte sie da zu Bettina gesagt? Damit hatte sie sich wohl auf Zeit und Ewigkeit auf dem Ulmenhof unmöglich gemacht. Und sie hatte sich so auf das Turnier gefreut. Drei Tage mit Felix und Askan und Dolly. Die letzten drei Tage ihres gemeinsamen Lebens. Die wenigstens hatte sie noch genießen wollen.
Bettina sagte nichts. Sie fuhr noch langsamer. Es überholte sie ein Volvo mit einem Pferdehänger. Die hatten vielleicht dasselbe Ziel. Bettina fuhr nach rechts auf einen Parkplatz.
Sie schmeißt mich raus, dachte Jana. Muss ich – darf ich jetzt trampen?
Schon bevor Bettina hielt, klingelte das Handy. Sie nahm es und wartete gar nicht ab, dass jemand sich meldete.
«Fahrt weiter. Ich hol euch schon wieder ein. Ich bin nur zum Pinkeln.»
«Jetzt schon!?», schepperte Grohne-Wiltes Handystimme wie von Weitem. Wahrscheinlich hielt Felix ihm das Gerät.
Bettina grinste und stellte ihres ab.
Sie fasste Jana an beiden Schultern.
Sie bringt mich um, dachte Jana.
Aber Bettina sah nicht nach Umbringen aus. Sie zog Jana zu sich und nahm sie in die Arme.
«Du hast recht», sagte sie. «Entschuldigung, Jana. Du hast vollkommen recht.»
Und damit fuhr sie weiter, etwas schneller jetzt, sie mussten die anderen wieder einholen. Jana streckte sich auf dem Beifahrersitz, so wie man sich streckt und reckt, wenn man aufwacht aus einem guten Schlaf, dabei war es eher ein Albtraum, aus dem sie nun erwachte. Vorbei der Streit! Wenn man Bettina erst einmal für sich gewonnen hatte,

liefen einem auch bald die anderen wieder nach. Theres und Alberta? Der Gedanke an die beiden Freundinnen wurde leider nicht zu einem schlechten Traum, aus dem man aufwachen konnte. Dass Theres ihre Bjalla verloren hatte und Alberta weiterhin mit Käfigpferden umgehen musste, war und blieb Wirklichkeit. Aber Jana konnte Bettina wieder gern haben. Sie war manchmal schrecklich sauer auf Bettina und hatte sich daran gewöhnt. Sie konnte damit umgehen. Aber schöner war das Leben, wenn man Bettina gern haben konnte. Und sobald sie zurück war, würde sie mit Theres und Alberta reden. Man muss einem alten Freund doch verzeihen, das muss man doch!

«Und vielleicht», sagte sie laut, «wird ja Dolly gar nicht verkauft.»

«Mach keinen Blödsinn», warnte Bettina. Sie wollte gerade einen Laster überholen, aber sie lenkte zurück auf die rechte Seite.

«Es war richtig, was wir gemacht haben beim letzten Turnier. Es wäre eine Katastrophe für Dolly gewesen, wenn der Engländer sie gekauft hätte. Und dann in den ganz großen internationalen Spitzensport – nein, das mussten wir verhindern. Aber jetzt, Jana, jetzt geht es darum, Dolly sinnvoll zu verkaufen, bevor Grohne-Wilte merkt, was sie wirklich wert ist, irgendwann merkt er das, er ist ja nicht völlig blöd.»

«Aber er ist ziemlich blöd, findest du nicht? Warum merkt er nicht, was für ein Pferd Dolly wirklich ist. Er handelt mit Pferden, da muss er so was doch merken.»

«Er handelt mit Pferden, aber er ist kein Pferdehändler. Er ist ein Reiter. Genau das ist sein Problem.»

«Dass er nicht mehr reiten kann?»

«Ja.»
Bettina überholte den Laster.
«Jana, ich habe seinen Sturz gesehen damals», erzählte Bettina. «Das weiß er bis heute nicht. Ich habe es gesehen. Ist jetzt so zehn Jahre her. Ich war achtzehn, hatte gerade die Schule geschmissen, weil ich die Bereiterlehre machen wollte, und war mit meinem Chef auf dem Turnier. Grohne-Wilte hatte zwei Pferde in der Prüfung, Askan und ...»
«Askan?»
«Ja, und Rigoletto. Mit Askan lag er ganz vorn, Rigoletto stürzte am Wassersprung. Askan ist alles, was er noch hat aus der Zeit.»
«Rigoletto war – tot?»
«Nein, der fiel weich – auf ihn. Er hat ihn verkauft oder seine Frau hat ihn mitgenommen, vielleicht reiten seine Kinder ihn jetzt, keine Ahnung, ob er Kontakt zu denen hat, er hat alles verloren, er muss wohl ziemlich eklig gewesen sein danach und hat seine Familie vergrault. Er spricht nicht davon. Und du auch nicht, kapiert?»
«Ich kann schweigen.»
«Das hast du bewiesen.»
Bettina überholte den Volvo mit dem Pferdehänger, der vielleicht dasselbe Ziel hatte wie sie.
«Und wegen Dolly», fuhr Bettina fort, «also, ich habe einen Freund angerufen, Vielseitigkeitsreiter, der sucht ein Pferd, Dolly ist zu teuer für ihn, aber vielleicht kann er handeln, Grohne-Wilte muss sie jetzt verkaufen, er kann sonst diesen Troilus nicht bezahlen.»
«Das nützen wir aus?»
«Genau! Dolly zuliebe müssen wir uns jetzt von ihr trennen.

Wir müssen jemand finden, der sie nicht weiterverkauft. Sag mal, hast du mal einen Pferdepass gesehen?»
«Nie. Was ist das?»
«Ein Pass halt. Für ein Pferd. In den wird alles eingetragen. Und es sind zwölf Felder für Besitzerwechsel da. Erst wenn ein Pferd zum dreizehnten Mal verkauft wird, muss man ein Ergänzungsblatt einheften. Es wird also als normal angesehen, dass ein Pferd zwölfmal verkauft wird.»
«Aber Pferde sind doch Freunde!» Jana war entsetzt.
«Denkst du! Dolly ist kein Freund, zumindest nicht für ihren Besitzer. Sie ist kaum ein Pferd, Dolly ist ein Wertpapier, eine Aktie. Und darum geht es. Wir müssen einen Käufer finden, der aus einer Aktie ein Lebewesen macht, einen Freund. Kann ich auf eure Hilfe rechnen?»
Jana nickte. Bettina überholte den alten klapprigen Opel.
«Und außerdem», erzählte Bettina weiter, «steht in dem Pferdepass von Dolly-Superstute-Wertpapier, dass sie zur Gewinnung von Lebensmitteln vorgesehen ist.»
«Dass sie was???»
«Dass sie zur Schlachtung vorgesehen ist. Lassen alle sogenannten vernünftigen Leute in die Pässe ihrer Pferde eintragen. Wenn man nämlich einmal eintragen lässt, dass ein Pferd nicht geschlachtet werden darf, kann man das nie mehr rückgängig machen und damit ist das Pferd schwerer zu verkaufen.»
«Ich glaub's nicht», sagte Jana.
«Ich glaub's für dich mit. Weißt du, ich habe mich dafür eingesetzt, dass du Askan bekommst, weil er für dich ein Freund ist, und du verlässt einen Freund nicht. Du wirst ihn nicht in drei Jahren leid sein. Du willst nicht in drei Jahren ein junges

Turnierpferd haben. Du willst reiten, da bist du ehrgeizig, aber wenn es um Turniere geht, bist du es nicht.»
«Nein», sagte Jana. «Bin ich nicht.»
Sie saßen eine Weile schweigend nebeneinander. Bettina fuhr immer noch schnell, fast zu schnell.
«Bist du ehrgeizig?», fragte Jana.
«O ja», sagte Bettina. «Sehr! Auch im Turnier. Aber niemals so sehr, dass mir das Pferd kein Freund mehr wäre. Da sind wir uns einig. Und da müssen wir zusammenhalten!»
Wir! Sie hatte ‹wir› gesagt. Es gab wieder ein ‹wir› für Jana auf dem Ulmenhof.
Vor ihnen fuhr ein Pferdehänger. Bettina setzte zum Überholen an.
«Nein!», rief Jana. «Nicht überholen. Das sind doch wir.»
Wir! So schnell gewöhnte sich Jana wieder an das Wort ‹wir›.

8 DOLLY HUNDESITTER

Sie hatten nur noch ein Notquartier bekommen, weil für Askan kein Platz vorgebucht war. Notquartier – so sahen es die Menschen, für die Pferde war das anders. Dolly und Askan kamen zusammen in eine Großbox, die vorn nur durch einen Balken verschlossen war. Durch einen weiteren, provisorisch aufgehängten Balken wurde sie in zwei kleine Abteile getrennt.

«Können wir das nicht wegmachen?», fragte Felix.

Bettina nahm den Balken aus der Halterung. Sofort steckten Dolly und Askan die Köpfe zusammen und schnaubten.

«Ich geh kein Risiko ein», sagte Grohne-Wilte. «Wenn er ihr einen Tritt versetzt, habe ich wieder ein verletztes Pferd.»

So ein Quatsch, dachte Jana. Askan tritt Dolly doch nicht.
«Auf meine Verantwortung», sagte Bettina und zog mit Felix die Stange ganz aus dem Abteil. Dolly und Askan begannen mit ihrer geliebten Fellpflege und knabberten sich gegenseitig am Widerrist – keine Holzwand trennte sie, kein Gitter aus Metall.
Drei Tage Nähe, dachte Jana, drei Tage dürfen sie zusammen sein, viel dichter zusammen als daheim – und dann – wo ist für Dolly dann daheim?
«Aber zum Fressen bindet ihr sie an», bestimmte Grohne-Wilte.
Bettina versprach es. Felix und Jana erhielten den Auftrag, sich zuerst einmal einzurichten und umzuschauen und dann mit beiden Pferden einen weiten Spaziergang zu machen.
«Gehen sollen sie, gehen und gucken. Zeig Dolly den Wassersprung. An der Meldestelle kriegst du den Plan für die Geländestrecke. Und eine halbe Stunde darf sie Gras fressen. Auf keinen Fall länger!»
Gras gibt keine Kraft. Dolly sollte ihr Spezialfutter bekommen und richtig fit sein für morgen, für den Geländeritt.
«Und schlafen muss sie können!», verlangte Grohne-Wilte.
«Jana und Felix sind absolut zuverlässig und machen keinen Rabatz in der Nacht vor einer Prüfung. Wer übernachtet noch hier?»
Er selber und Bettina hatten Zimmer im Gasthof.
«Das sind alles Vielseitigkeitspferde», erklärte der Bauer, dem die Scheune gehörte. «Die da werden von zwei Mädchen betreut, und bei den beiden dahinten bleibt der Besitzer selber. Hier wird Ruhe sein.»

Damit waren Grohne-Wilte und Bettina sehr zufrieden. Jana und Felix richteten ihre Schlafplätze und schlenderten dann hinüber zur Meldestelle.

«Jedes Mal denke ich, die Zeit vor dem Turnier ist die schönste», sagte Felix. «Diese Ruhe. Und trotzdem ist es schon ungeheuer spannend. Aber wenn es dann richtig losgeht und die Stände da sind und die Musik und die Zuschauer kommen, und die Pferde, die ganzen vielen Pferde, dann ist das doch noch mal viel toller.»

«Und hinterher», sagte Jana, «das ist auch schön. Wenn man müde zurückfährt. Ich mag Turniere. Es ist mir so total egal, wer gewinnt. Ich mag einfach gern so dazwischen rumlaufen.»

«Und es ist das letzte Mal», murmelte Felix.

«Mit Dolly, ja, wahrscheinlich.»

«Nein, nicht nur mit Dolly. Überhaupt.»

«Wieso? Wie meinst du das?»

«Ich reite keine Turniere mehr», erklärte Felix. «Ich werde diesen Troilus nicht reiten. Ich mach das alles nicht noch einmal mit. Zwei, drei Jahre hat man so ein Pferd, und dann wird es einem unter dem Hintern weggezogen. Einfach so.»

Jana nickte.

«Aber dann hast du kein Pferd.»

Felix zuckte die Achseln.

«Ich weiß noch nicht, was ich mache. Will jetzt auch nicht daran denken. Wenn Dolly verkauft wird, ist das auf jeden Fall für mich ein Ende.»

Zum Glück erreichten sie die Meldestelle und mussten nicht weiter reden und denken. Sie studierten den Plan der Geländestrecke, orientierten sich genau, fragten ein paar

Leute. Felix mit seinem vorzüglichen Ortssinn würde sich zurechtfinden.
Auch das Programmheft war schon da. Jana und Askan standen nicht drin. Sie waren zu spät gemeldet worden. Aber es war immer ein großer, ein geradezu feierlicher Augenblick, wenn sie im alphabetischen Verzeichnis aller Pferde Dolly mit ihrem richtigen Namen fanden: Dolores von Kornett aus der Dolce Vita von Julmond, 7; Trak.; StPrSt,.; br.; o. A. Bes. Manfred Grohne-Wilte, das hieß: sieben Jahre, Trakehner, Staatsprämienstute, braun, ohne Abzeichen; – Dolly! Und es hieß: Besitzer Manfred Grohne-Wilte – und das war das Problem.
Jedes Mal, wenn Felix das las, blieb ihm das Herz stehen. Würde er sie im nächsten Jahr mit zwei kleinen Änderungen in den Programmheften finden? Statt sieben Jahre dann acht Jahre, statt Besitzer Manfred Grohne-Wilte dann ???
Aber er würde nicht mehr den Buchstaben ‹D› im Programmheft suchen. Er würde gar nicht mehr auf die Turnierplätze gehen.
Sie kehrten zurück zu ihrer Scheune, nahmen ihre beiden Pferde an Halfter und Führstrick, liefen Teile der Geländestrecke ab und zeigten Dolly den Wassersprung.
«Harmlos», stellte Felix fest.
Dolly ging ohne Probleme durch Wasser, schwierig waren für sie Sprünge, die über Wasser gebaut waren, bei denen das Wasser zuerst verborgen blieb und dann plötzlich unter ihr glitzerte. So hatte Bettina das erklärt.
Komisch, dachte Jana. Grohne-Wilte ist an einem Wassersprung gestürzt, und Dolly hat Angst bei diesem Sprung, und das ist so bei fast allen seinen Pferden.

Das erzählte sie Felix nicht. Sie berichtete aber ausführlich von Bettinas Plan und Forderung, Dolly auf diesem Turnier sinnvoll zu verkaufen.
«An jemand, der aus Dolly-Wertpapier einen Freund macht. Jetzt. Weil Grohne-Wilte diesen Troilus bezahlen muss und Geld braucht und mit sich handeln lassen muss.»
«Und das ist ein Freund von Bettina?», fragte Felix. «Ich traue ihren Freunden nicht. Neuer Lover?»
«Glaub ich nicht», sagte Jana. «Es geht ihr wirklich um Dolly.»
Auf dem Rückweg fanden sie im Wald eine kleine, grasbewachsene Lichtung. Felix schaute sich um: keine Eiben in der Nähe? Keine Tollkirschen? Auch keine anderen Giftpflanzen? Nein! Da klinkten sie die Führstricke aus und ließen die Pferde frei. Sie würden nicht weglaufen. Felix schaute auf die Uhr.
«Halbe Stunde.»
Sie setzten sich auf einen gefällten Baumstamm und schauten den beiden Pferdefreunden zu. Wenn doch das Leben so bleiben könnte!
Zwei winzig kleine Hunde kamen kläffend den Waldweg entlanggeflitzt und dann quer durchs Gebüsch auf die Pferde zu. Sie schienen aber Pferde zu kennen, denn sie hörten auf zu bellen und regten sich auch nicht auf. Einer stellte sich auf die Hinterbeine und reckte seine kleine schwarze Nase gegen Askans Nüstern. Der schnaubte, und das Hundchen schüttelte sein langes braun-schwarzes Fell. Als Jana die Hand nach ihm ausstreckte, sprang er zurück.
Vom Waldweg rief sie ein Pfiff. Sie kümmerten sich nicht

darum, wuselten durch die Pferdebeine, und einer schleppte einen Pferdeapfel herum wie einen Ball.
«Toni! Cleo!», rief eine Mädchenstimme vom Weg.
Dann erschien das Mädchen. Sie fuhr Rad, bremste heftig, als sie die Pferde sah, stieg ab und ließ das Rad ins Gebüsch fallen. Langsam kam sie auf die Lichtung zu, ohne rasche, ruckartige Bewegungen, wie jemand geht, der weiß, wie man sich Pferden nähern sollte.
«Könnt ihr die einfach so laufen lassen?», fragte sie, schaute dabei aber nichts als die Pferde an.
«Na, so gut wie deine Hunde gehorchen sie. Mindestens!», sagte Jana.
«Ist ja auch ein Vorteil bei Pferden, dass sie Gras fressen», sagte das Mädchen. «Und Gras rennt nicht weg wie Rehe oder Hasen.»
Ihr Blick ging von Dolly zu Askan und wieder zu Dolly, und da blieb er hängen.
«Die hat ja eine Farbe wie eine Kastanie, wenn sie gerade frisch aus der Schale geplatzt ist», sagte sie.
Jana nickte, aber das konnte die Fremde nicht sehen, weil sie immer nur Dolly anstarrte.
«Ich bin Kerstin», sagte sie. «Und du?»
«Ich bin wir und wir sind zwei, wir sind Jana und Felix. Jetzt weißt du, wie wir heißen, aber nicht, wie wir aussehen. Oder?»
«Nee», sagte Kerstin. «Ihr könnt mir ja mal ein Foto schicken. Wie sollt ihr auch aussehen. Wie Menschen halt.»
«Treffer!»
«Dacht ich mir. Ein Foto von den Pferden wär mir also lieber.»

Jana stand auf und ging auf Askan zu.
«Das ist Askan», stellte sie vor. «Der wundervollste neunzehnjährige Goldfuchs aller Zeiten. Das ist er und das bleibt er.»
«Glaub ich nicht», sagte Kerstin. «Das ist nur dieses Jahr. Letztes Jahr war er der wundervollste achtzehnjährige Goldfuchs aller Zeiten und nächstes Jahr ist er der wundervollste zwanzigjährige Goldfuchs aller Zeiten.»
«Stimmt», gab Jana zu, «irgendeine Unbeständigkeit hat jeder. Sogar Askan. Und was du da die ganze Zeit anguckst, ist Dolly. Mehr ist zu ihr nicht zu sagen. Alles andere siehst du.»
Kerstin nickte.
«Seid ihr beim Turnier?»
«Ja. Ich reite Askan in der Jugenddressur und Felix Dolly im Jugendspringen.»
«Ich hätt' sie für ein Dressurpferd gehalten.»
«Nicht schlecht. Das tun viele. Sie geht die Vielseitigkeit mit unserer Reitlehrerin. Und sie ist super in der Dressur. Du kennst dich aus mit Pferden?»
«Ich habe im letzten halben Jahr viele Pferde angeguckt und beurteilen gelernt. Aber das nützt alles nichts.»
«Wie meinst du das?»
Kerstin ging nicht auf Janas Frage ein und sagte stattdessen: «Ich stell euch jetzt meine Viecher vor. Ein Pferd habe ich nicht. Noch nicht. Also das sind Antonius und Cleopatra. Aus welchen Rassen sie gemischt sind, wissen wir nicht. Wir haben sie gefunden.»
«Ausgesetzt?»
«Mit Sicherheit. Sie waren winzig klein. Hätten noch bei

der Mutter sein müssen. Wir hörten sie fiepen. Da drüben bei den Höfen. In einer Scheune. Niemand wollte sie haben. Wir haben sie mit der Flasche großgezogen. Sie sind ganz lieb und furchtbar frech.»
Toni und Cleo hatten keine Angst vor den Pferden, aber von Jana anfassen ließen sie sich nicht.
«Wir sehen uns morgen», sagte Kerstin. «Beim Turnier.»
«Komm doch mit uns», lud Jana sie ein. «Wir gehen jetzt auch zurück.»
«Schade. Ich muss heim. Wir können uns erst morgen treffen», sagte Kerstin. Das war ein Irrtum.

Die beiden Mädchen, die die Vielseitigkeitspferde zu betreuen hatten, waren nett und hätten gern eine fröhliche Nacht veranstaltet. Aber der Reiter, der selber bei seinen Pferden blieb, sorgte für Ruhe, und so war es bald still. Doch Jana und Felix konnten nicht schlafen. Für sie war dies kein Spaßturnier. Sie lagen am Rand des Strohlagers und schauten hinüber zu Dolly und Askan. Die genossen offenbar ihr Zusammensein. Es war das erste Mal, dass sie beide in einer Box standen, Höhepunkt ihrer Freundschaft und der Anfang vom Ende.
Es war eine Vollmondnacht, aber wolkenverhangen, und nur wenn der Mond durch die Wolken scheinen konnte, war es für einige Minuten hell im Stall. Askan kam als Erster zur Ruhe und legte sich hin, das machte auch Jana schläfrig, sie döste etwas, fand aber nicht in richtigen Tiefschlaf. Durch die Tür fiel ein Streifen Mondlicht.
«Soll ich das Tor zumachen?», flüsterte Felix. «Es ist nicht richtig geschlossen. Meinst du, ich muss es zumachen?»

«Warum?», gähnte Jana. «Es ist windstill. Kein Zug. Macht doch nichts.»

Schließlich legte auch Dolly sich hin, eines der fremden Pferde hatte die Stallwache übernommen. Jana und Felix dämmerten in einen leichten Schlaf.

Es war Jana, die aufschreckte, Minuten später oder Stunden? Nicht Stunden, der Mond schaute noch durch dasselbe Stallfenster. Sie konnte nicht lange geschlafen haben. Dolly und Askan auch nicht. Sie waren wieder aufgestanden, Askan schnaubte, Dolly scharrte. Etwas raschelte im Stroh. Das Geräusch kam aus Askans und Dollys Doppelbox. Aber die Pferde bewegten sich doch gar nicht. Durch den Türspalt fiel noch der gleiche Streifen Mondlicht. Niemand also hatte das Tor aufgedrückt.

Eine Katze wahrscheinlich, dachte Jana, eine Stallkatze, die Mäuse jagt. Oder eine Ratte? Nein, hier gibt es keine Ratten.

Jana lauschte. Dolly hatte aufgehört zu scharren, trotzdem raschelte das Stroh in ihrer Box. Sie streckte den Kopf mit langem Hals nach unten, da zog wieder eine Wolke vor den Mond und Jana konnte nichts mehr sehen. Sie war nicht beunruhigt, da war keine Panik, keine Angst im Stall, eine Katze, was sonst? Jana schlief wieder ein.

Als Felix sie weckte, war es gewiss eine Stunde später. Der Mond schaute durch das nächste Stallfenster und der Lichtspalt von der Tür war doppelt so breit. Dolly lag auf der Seite im Tiefschlaf, Askan stand dösend, den Kopf über sie gebeugt, das rechte Hinterbein eingeknickt, schonend auf die Spitze des Hufs gestellt.

Felix sah Jana nicht an, sein Gesicht war gespannt, er starrte

auf die Tür, sie folgte seinem Blick. Da war nichts. Hatte der Wind das Tor aufgedrückt? Es ging kein Wind. Nur weit oben in höheren Luftschichten war Bewegung in den Wolken. Das bisschen Lufthauch hier unten konnte das schwere Tor nicht öffnen. Unruhe war nicht im Stall. Dolly schlief, Askan döste, kein Scheuen, kein Schrecken. Eine Wolke verhängte den Mond. Die Körper der Pferde wurden zu schattenhaften Schemen, Askan wandte den Kopf zur Tür.
«Da ist wer», flüsterte Felix.
«Ach was», hauchte Jana zurück. «Die Pferde sind doch ganz ruhig.»
«Doch, da ist wer.»
Ihre Augen gewöhnten sich an das Dunkel. Die Konturen der Pferde wurden wieder etwas klarer.
«Ich spür es, da ist wer», beharrte Felix.
Auch keines der anderen Pferde war in seinem Schlaf gestört. Askan, offenbar auf Wachposten, schaute zur Tür. Sein leises Schnauben klang nicht nach Gefahr.
«Vielleicht Bettina?», flüsterte Jana. «Die kennen sie. Und sie wirkt so sehr wie ein Pferd, dass sie nicht auffällt.»
«Was sollte die hier?»
Der auch bei verhangenem Mond etwas hellere Streifen am Tor war weg. Eine Gestalt quetschte sich durch die Lücke. Jana und Felix rührten sich nicht. Die Gestalt war eher klein, Bettina war das nicht.
Wenn das alles ist, was kommt, um Pferde zu klauen, dachte Jana, na ja, damit werden wir fertig.
Das ohne Zweifel menschliche Wesen stand und bewegte sich nicht. Lange. Alle warteten auf ein Wolkenloch. Aber es kam keins.

Felix hielt die Spannung nicht mehr aus.
«He!», rief er leise.
Das fremde Wesen drehte sich um, es suchte nach der Stelle, von der die Stimme kam. Fliehen wollte es offenbar nicht.
«He!», rief Felix noch einmal.
Da kam das Wesen auf sie zu, und auch im Dunkel erkannten sie sich. Es war Kerstin.
Die will Dolly, dachte Jana. Wie sie Dolly angeschaut hat vorhin im Wald. Die will Dolly.
Eigentlich war ihr Kerstin nicht wie eine Verbrecherin vorgekommen, aber um Dolly zu wollen, so sehr zu wollen, dass man sie notfalls entführte, musste man wahrhaftig kein Verbrecher sein. Das war im Grunde nicht mehr als normal, fand Jana.
Vorsichtig, so lautlos wie möglich, krochen sie aus den Schlafsäcken und ließen sich von den Strohballen gleiten.
«Oh, wie gut, dass ihr das seid», flüsterte Kerstin. «Ihr kennt sie. Habt ihr meine Hunde gesehen?»
Im ersten Augenblick dachte Jana: Was für ein Blödsinn! Nichts gegen Hunde, aber wenn man hinter Dolly her ist, nimmt man doch nicht als Ersatz zwei kleine Hunde.
Dann fiel ihr auf, dass dieser Gedanke wohl eine Fehlreaktion war. Kerstin suchte wirklich ihre Hunde.
«Nein», sagte Felix. «Wieso sollen die hier sein?»
«Sie sind weg. Sie schlafen bei uns im Flur, in ihrem Korb, und ich bin noch mal in die Küche gegangen, weil ich nicht schlafen konnte, und da waren sie weg.»
«Aber warum sollen sie hier sein?»
«Sie laufen immer hierher. Sie gehen normalerweise nicht weg von mir, aber manchmal hauen sie ab, und dann sind sie

immer hier. Hier haben wir sie nämlich gefunden. Als ganz kleine Babys. Da!»
Sie zeigte auf Askans und Dollys Gemeinschaftsbox.
«Ähh? Was ist los?»
Der erwachsene Reiter war aufgewacht.
«Nichts Schlimmes!», rief Felix ihm leise zu. «Hier müssen irgendwo zwei kleine Hunde sein.»
«Ihr sollt keinen Blödsinn machen.»
«Tun wir nicht.»
Der fremde Reiter richtete sich auf. Die beiden Mädchen schliefen weiter. Kerstin, Jana und Felix näherten sich langsam den Pferden.
«Cleo, Toni», lockte Kerstin.
«Weck die Pferde nicht auf!»
Und da gaben die Wolken den Mond frei und sie sahen es. Cleo und Toni lagen winzig zusammengerollt halb übereinander zwischen Dollys Beinen.
Alle hielten die Luft an.
«Mein Gott!», murmelte Kerstin. «Wenn sie aufsteht, zerquetscht sie sie.»
So war es. Dolly müsste sie gar nicht erst unter ihren Hufen zertreten. Um aufzustehen, musste sie sich zuerst auf den Bauch rollen. Schon das würde für die Hunde verheerend sein.
«Ich hol sie da raus», flüsterte Felix. Sie mussten noch immer sehr leise sein, um Dolly nicht aufzuwecken. «Mich kennt Dolly am besten. Sie wird nicht erschrecken.»
«Aber Toni und Cleo lassen sich von dir nicht greifen. Ich muss sie selber holen.»
«Kann ich euch helfen?», fragte der fremde Reiter.

«Nein, nichts machen», sagte Felix. «Am besten gar nicht bewegen.»
Kerstin kroch unter dem Balken durch in die Box.
Dollys Ohren zuckten.
«Zu spät!», sagte Felix.
Dolly schüttelte den Kopf. Felix fasste Kerstins Schulter. «Bleib weg. Sie steht auf.»
Askan stupste seine Nüstern auf Dollys Stirn. Er machte ein leises Schnauben, ein warnendes?, beruhigendes?
«Toni!», rief Kerstin und zog ihre Schulter aus Felix' Hand.
«Erschreck sie nicht!», sagte der und hielt sie am Arm.
Toni – oder Cleo? – rollte sich auf den Rücken. Dolly spürte ihre Körper an ihrem Bauch. Sie hob den Kopf und drehte ihren Leib nur ein winziges bisschen. So konnte sie die Hunde sehen. Sie schnaubte.
«Ist gut Dolly», sagte Felix. «Bleib! Bist ein super Hundesitter. Bleib.»
Er ließ Kerstins Arm los.
«Okay, kannst die beiden holen.»
Kerstin ging die paar Schritte durch das Stroh, zwischen Dollys ausgestreckte Beine, die rührte sich nicht, Kerstin sah die Spannung in ihrem Gesicht.
«Ist gut, Dolly», flüsterte sie. «Bleib!»
Mit jeder Hand griff sie einen Hund im Genick und zog ihn aus dem Stroh halb unter Dollys Bauch hervor und trat zurück.
Da prustete Dolly laut und sprang auf die Beine.
Kerstin, zwei zappelnde Hunde im Arm, schaute Dolly an und sagte: «Was für ein Pferd. Mein Gott, was für ein Pferd.»

Der fremde Reiter war nach vorn gekommen.
«Sag mal, als Wachhunde ausbilden wollt ihr die beiden zufälligerweise nicht?», fragte er.
Kerstin konnte wieder lachen.
«Doch», sagte sie, «die bewachen immer meine Papiere. Wenn ich mein Geld in eine Tasche stecke, tue ich immer auch einen Hund dazu.»
«Jetzt gehst du und lässt uns schlafen.»
«Darf ich Dolly morgen einen Apfel bringen?», fragte Kerstin. «Oder mag sie lieber Mohrrüben?»
«Apfel», sagte Felix. «Süßsauer.»
Jana und Felix begleiteten Kerstin nach draußen. Die stopfte ihre zappelnden Hunde in einen Korb auf dem Rad.
«Hoffe nur, meine Eltern haben nichts gemerkt. Ich hätte ihnen einen Zettel schreiben sollen. Übrigens. Ich hab den Namen ‹Dolly› im Programmheft nicht gefunden.»
«Sie heißt ‹Dolores›», erklärte Felix.
«Ahh, das schau ich gleich nach. Ich danke euch. Sehr. Sehr. Und Dolly. Sehr. Sehr. Ihr wart super. Das Traurige ist nur: Immer wenn man sich wirklich in einen Mann verliebt, ist der verheiratet. Bis morgen.»
Sie sprang auf ihr Rad und fuhr davon.
«Was hat sie da gesagt?», fragte Jana.
«‹Immer wenn man sich wirklich in einen Mann verliebt, ist der verheiratet.› Hab ich verstanden.»
«Ja, ich auch. Wie alt schätzt du sie?»
«Vierzehn. Höchstens.»
«Was glaubst du, in wie viele verheiratete Männer sie schon verliebt war?»
«Und warum erzählt sie uns das? Jetzt?»

Sie gingen zurück in die Scheune.
Den Namen ‹Askan› kann sie auch nicht im Programmheft gefunden haben, dachte Jana. Davon hat sie nichts gesagt. Und Jana wusste: Nach ‹Askan› hatte Kerstin nicht gesucht.

VERHEIRATETE MÄNNER ZUM VERLIEBEN 9

«Wie kann man so ein Pferd verkaufen? Das kann doch nicht Ihr Ernst sein! Man ist doch froh, wenn man es hat! Klar, Sie haben dann eine Menge Geld. Aber was kann man machen mit so einer Menge Geld? Man kauft haargenau dieses Pferd. Was Sinnvolleres fällt mir nicht ein für so eine Menge Geld.»
Der fremde Vielseitigkeitsreiter in ihrem Stall konnte es nicht fassen, als sich schon sehr früh am nächsten Morgen Käufer und Interessenten vor Dollys Box einfanden.
«Kommen Sie nur her», sagte Grohne-Wilte. «Ich zähle Sie gern zu den potenziellen Käufern.»
«Sie hätten die sehen sollen heute Nacht», redete der Fremde

weiter. «Als die beiden winzigen Köter halb unter ihrem Bauch lagen. Wie vorsichtig die gewesen ist.»

«Ja, so ist sie. Ich kenne sie schon ein paar Jahre. Machen Sie ein Angebot.»

Jana und Felix hatten den Zwischenfall der Nacht sofort berichtet und versichert, dass Dolly trotzdem gut geschlafen habe. Zwei Männer und eine Frau, die Dolly schon von anderen Turnieren kannten, versuchten mit Grohne-Wilte zu handeln, aber allein die Summe, die ihnen für Dolly fehlte, hätte ausgereicht, um ein gutes Turnierpferd zu kaufen. Es wurde immer voller im Stall. Jana schmuggelte sich mitten dazwischen und belauschte, was da alles an Gerüchten summte und sauste.

– Ist das *die* Dolores?

– Startet die in der Prüfung?

– Das muss man fürchten.

– Wieso ist die nicht gesperrt? Da war doch was mit Doping beim letzten Turnier?

– War wohl nicht so schlimm.

– Dann kann ich meine Chancen auf den Sieg wohl begraben.

– Oder kaufen. Mit hundert Chancen auf Siege.

Aber keiner hatte genügend Geld.

«Kannst du dir die Gesichter merken?», flüsterte Felix Jana zu. «Wir gucken nachher auf dem Abreiteplatz alle an, die Dolly haben wollen. Wir gucken, wie die reiten.»

«Ist egal, wie sie reiten», sagte Jana. «Sie können nicht zahlen.»

Dann kam Bettinas Freund Michael, den sie so gern als Dollys zukünftigen Besitzer gesehen hätte. Er war Jana

und Felix sofort sympathisch. Michael schaute nicht zuerst auf Dollys Schulter (Hat sie eine lange schräge Schulter?), nicht auf ihre Hinterhand (Wie ist die Winkelung der Hinterbeine?), Michael schaute Dolly ins Gesicht, in die Augen. Felix hängte sich an Bettina und versuchte, sie von den anderen wegzuziehen.
«Ich finde ihn nett», flüsterte er.
«Ich auch», nickte Jana.
«Aber reitet er auch anständig? Wird er sie nicht überfordern?», fragte Felix.
Bettina grinste: «Glaubst du, du würdest Leute, die nicht anständig reiten, nett finden?»
Da sagte einer, den Jana und Felix gar nicht so nett fanden: «Im Augenblick hab ich das Geld nicht. Aber ich bin dabei, mir einen Sponsor zu suchen. Sieht nicht schlecht aus. In einem halben Jahr vielleicht?»
Felix warf Bettina einen verzweifelten Blick zu: Nicht der!!!, drückte das aus: Nicht der!!! Sponsor – das roch verdächtig nach großem Sport, und das würde bedeuten, Dolly müsste reisen und reisen, was sie hasste – und über sehr schwere Geländestrecken gehen, das konnte gefährlich sein.
«Manfred will – er muss sie jetzt verkaufen», flüsterte Bettina. «Wegen Troilus. Das müssen wir nützen. Dies ist ein kleines Turnier. Der Typ da vorn, es ist Richard Allweier, ich kann ihn nicht leiden, der ist hier wahrscheinlich der Einzige mit großem Ehrgeiz.»
Michael kam zu ihnen.
«Hinreißend, Bettina», sagte er. «Aber was soll ich mit so einem Pferd? Das ist eine Nummer zu groß für mich. Das sollte …»

«Eben nicht», unterbrach Bettina. «Was hat das Pferd davon, wenn es im Sport groß herauskommt. Wir suchen für Dolly so jemanden wie dich.»
«Ich kann das auch nicht zahlen.»
«Du bist Zahnarzt. Die haben doch Geld.»
«Ja, aber ich könnte das jetzt nicht. Ich habe die Praxis nicht geerbt. Ich musste die ganzen Geräte kaufen. Ich habe Schulden. Ich müsste …»
«Wir handeln sie für dich runter. Du verlangst eine Ankaufsuntersuchung. Die wird sie bestehen, sie ist gesund. Und dann stellst du noch allerhand Fragen, und dann verlangst du, dass er sie vor deinen Augen auf einen Hänger führt. Danach ist das Pferd um eine höhere vierstellige Summe billiger. Aber lass nicht merken, dass du den Tipp von mir hast. Es wäre mir lieb, wenn er uns gar nicht zusammen sieht.»
Michael zuckte die Achseln und ging wieder zu Dolly.
«Das ist so», flüsterte Bettina Jana und Felix zu, «Michael reitet aus purer Freude, sehr gut, aber ohne Verbissenheit. Er hat immer nur ein Pferd, und das ist ihm ein Freund. Seit zehn Jahren startet er mit ein und demselben Pferd in Vielseitigkeitsprüfungen. Das ist schon 21 Jahre alt und topfit. Er will es jetzt seiner Tochter geben. Für die Geländestrecke wird es doch zu alt. Bei ihm hätte Dolly es wirklich gut.»
«Irgendwelche Unarten?», fragte der Mann mit Aussicht auf einen Sponsor.
Grohne-Wilte zuckte die Achseln.
«Völlig gesund. Die kleine Narbe am rechten Knie ist von einem Weideunfall als Fohlen. Ohne Nachwirkungen verheilt. In der Prüfung ist sie nervenstark, aber – also ich bin ehrlich – nobody is perfect – sie braucht einen sicheren

Schmied, und sie geht so ohne Weiteres nicht auf den Hänger.»
Pech – Grohne-Wilte hatte Bettinas Trumpfkarte selber ausgespielt.
«Aber das habe ich in dem Preis schon kalkuliert. Sie müssen bedenken, dass sie auch eine super Zuchtstute ist.»
«Ich sollte jetzt satteln», sagte Bettina.
Sie hatte zwar eine der letzten Startnummern, wollte Dolly aber vor der Tierarztkontrolle ein wenig warmreiten.
«Also», schloss Grohne-Wilte Dollys erste Vorstellung ab, «Sie können das Pferd in vier Prüfungen sehen, die drei von der Vielseitigkeit und im Jugendspringen. Auch ein unerfahrener Junge kann sie reiten.»
Bettina scheuchte die Käufer und Interessenten aus dem Stall. Sie tauschte mit Michael noch einen achselzuckenden Blick: Mal sehen, was da noch drin ist …
«Komm», sagte Jana. «Wir haben noch viel Zeit, bis Dolly dran ist. Ich möchte mit Askan grasen gehen.»
Denn Askan hatte diesen Tag frei. Der Freitag gehörte nur den Vielseitigkeitsreitern und der Geländeprüfung.
Sie sprachen nicht viel miteinander, als sie mit Askan über die Wiese schlenderten, nur einmal sagte Felix: «Ich bin froh, dass wenigstens du da bist.»
Und Jana fand das ganz selbstverständlich. Dass sie auf dem Ulmenhof völlig allein und mit ihren Freunden zerstritten war, hatte sie vergessen. Es gab nur noch Dolly und die brennende Frage: Wer wird sie kaufen?
Auf der Wiese waren schon Hinweisschilder. Sie war als Parkplatz freigegeben. Am Wochenende würden viele Zuschauer kommen und ihre Autos hier abstellen. Da war es

gut, dass Askan noch was von dem Gras hatte. Zum Wald hin führte ein Weg, fester Erdboden mit einem Rest Grasstreifen in der Mitte, so ein richtig schöner Galoppweg, und so wunderten sie sich nicht, als sie in der Ferne vom Turnierplatz her zwei Pferde herankommen sahen. Sie galoppierten allerdings nicht, sondern gingen erst Schritt. Zwei Pferde, die wie Askan erst morgen starten würden und nun noch einen kleinen Ausritt machten?

Das eine war ein Brauner, der nicht aufgefallen wäre, das andere aber war ein Rappe, nicht besonders groß, aber mit einem ausgeprägten Hengsthals, den er auch wundervoll aufgerichtet in prächtigem Bogen trug.

Die beiden Reiter trabten an, die Zügel locker, sie trabten leicht. Trotzdem richtete sich der Rappe noch mehr auf.

«Schönes Pferd», sagte Felix.

«Das ist Kerstin», sagte Jana.

Kerstin hatte sie entdeckt. Sie parierte durch zum Schritt und winkte.

«Können wir hingehen?», fragte Jana. «Der sieht aus wie ein Hengst. Hengste greifen doch fremde Wallache an. Glaubst du, er stürzt sich auf Askan?»

«He!», rief Kerstin. «Wo ist Dolly? Ich hab was für euch.»

Sie gingen zögernd näher. Offenbar drohte keine Gefahr. Auf dem Braunen saß ein junger Mann. Er legte seinem Pferd die Zügel auf den Hals.

Am Tag zuvor war ihnen an Kerstins Kleidung nichts aufgefallen, Jeans und T-Shirt, nichts Besonderes. Jetzt aber trug sie spanische oder portugiesische Wildlederreitstiefel, ockerbraun, und eine etwas hellere, ebenfalls ockerfarbene Reithose mit einem kaum sichtbaren Karomuster und eine

dunkelrote, todschicke Reitweste, die jedoch ziemlich verunstaltet war, weil sie offenbar in jede Tasche einen knubbeligen Gegenstand gestopft hatte, der an ihren Körper Beulen machte.
«Ist das ein Hengst?», fragte Jana, immer noch misstrauisch langsam näher kommend.
«Nicht mehr», erklärte Kerstin. «Aber du siehst das richtig. Er ist spät kastriert worden.»
Die Zügel locker in einer Hand, fing sie an, in einer Tasche herumzuwühlen, und quetschte schließlich einen Apfel heraus.
«Ich war bei euch im Stall», sagte sie, «aber Dolly war schon weg. Da. Süßsauer.»
Sie reichte Jana den Apfel.
«Mag er die auch? Er hat auch welche verdient. Er war eigentlich genauso toll. Wenn er angefangen hätte rumzuspringen, könnte ich Cleo und Toni jetzt höchstens noch ausstopfen.»
Inzwischen hatte sie noch vier Äpfel hervorgekramt. Die dicken Knuddel auf ihrem Körper waren weg, aber die Taschen der Reitweste blieben etwas ausgebeult.
Meine Mutter würd mir was anderes sagen, dachte Jana, wenn ich eine teure Reitweste so verziehen würde.
Sie hatte aber so etwas gar nicht. Theres, ja, die hatte solche Westen, verbeulte sie aber weder mit Äpfeln noch sonst was.
Kerstin warf ihnen die Äpfel zu.
«Ich hole noch welche für Dolly», sagte sie. «Ich wohne nicht weit von hier. Darf ich sie Dolly selber geben? Nach dem Geländeritt? Wir sind den ganzen Tag auf dem Turnierplatz.»

«Nach dem Geländeritt», sagte Felix.
Kerstin griff nach ihren Zügeln.
«Nimm die Zügel langsam auf», sagte ihr Begleiter rasch. «Lass uns im Schritt weitergehen.»
Kerstin nickte Jana und Felix noch einmal zu, konzentrierte sich dann ganz auf ihr Pferd, im Schritt gingen die beiden weiter, trabten nach ein paar Metern wieder an.
«Sie sitzt gut», sagte Felix.
«Aber sie hat uns doch erzählt, sie hätte gar kein Pferd.»
«Vielleicht gehört es ihm.»
Und da schauten sie sich an.
«Ah», sagte Jana, «einer von den verheirateten Männern, in die sie sich verliebt.»
Sie gingen zum Abreiteplatz. So nach und nach trafen die Gesichter ein, die sich zuvor Dolly angeschaut hatten. Sie erkannten den Mann mit dem Sponsor in Aussicht.
«Eisenfäuste», sagte Felix. «Er sitzt super, aber er hat Eisenfäuste. Er darf Dolly nicht kaufen.»
«Kann er jetzt gar nicht», beruhigte ihn Jana. «Er hat das Geld jetzt nicht.»
«Aber vielleicht im Frühjahr?»
«Ja, vielleicht.»
Sie schauten sich an.
«Es ist verrückt», sagte Felix, «ich will Dolly unbedingt wieder mit zurücknehmen, aber wir müssen alles tun, dass sie hier verkauft wird.»
Dann kam Michael mit seinem alten Fuchs. Der war etwas kleiner als Askan, stand mehr im Vollbluttyp, hatte aber eine ähnliche Farbe und Blesse. Das Pferd lief neben Michael her, man sah den beiden an, dass sie alte Freunde

waren. Er führte es nicht am Zügel, beide blieben stehen, Michael zog den Sattelgurt an, dabei kniff ihn der Fuchs in den Hintern, das gehörte wohl dazu, er bekam ein Leckerli, und Michael saß auf, wieder ohne die Zügel zu halten. Felix sagte nichts. Er schaute nur und manchmal schloss er die Augen.

Sie beobachteten Michael beim Abreiten. Auch seine Art zu reiten gefiel ihnen. Bettina lenkte Dolly neben den Fuchs. Sie gingen im Schritt am langen Zügel nebeneinander her.

«Ich weiß, was du denkst», sagte Felix. «Er sieht aus wie Askan. Das denkst du doch, oder?»

Jana nickte: «Er ist bloß ein bisschen kleiner.»

Sahen sie Dolly mit ihrem neuen Freund? Wieder ein alter Fuchswallach. Würde sie den eines Tages so gern haben wie Askan?

Die ersten Reiter gingen auf die Geländestrecke. Jana und Felix brachten Askan zurück in die übergroße Box. Auf Dolly musste er warten.

Dann bummelten sie ein wenig auf dem Turnierplatz herum, sahen Kerstin mit dem schönen Rappen und ihrem Begleiter vom Ausritt zurückkommen, gingen aber nicht hin.

An der Meldestelle las Jana die Angebote der Verkaufspferde und wollte sich freuen, weil Dolly nicht dabei war. Aber das war natürlich völliger Unsinn. Sie hatte ja bereits erlebt, wer schon alles wusste, dass dieses Pferd zum Verkauf stand. Und Felix erklärte ihr, sie hatte die falsche Liste gelesen, denn natürlich war Dolly nicht unter Freizeitpferden für kleinere Turniere aufgeführt, sondern unter Sportpferden für höchste Ansprüche.

Und dann war es endlich Zeit, zum Wassersprung zu

gehen – Dollys Problemsprung bei allen Geländeritten, der hier jedoch so leicht war, dass er kein Problem werden konnte.
So war es. Es war viel spannender, die fremden Reiter zu beobachten: Der Mann mit den Eisenfäusten und der Aussicht auf einen Sponsor kam in hohem Tempo auf einem Braunen, der mühelos sprang. Er ritt auf Sieg, vergeblich. Dolly, ohne sich anzustrengen, war schneller.
Michael auf seinem alten Fuchs kam in gemächlichem Tempo, ein Spazierritt mit ein paar Hindernissen, die der routinierte Wallach immer noch gern sprang. Viel schneller waren zwei andere Pferde – Jana fasste Felix an der Schulter und drehte ihn um. Über einen Seitenweg außerhalb der Geländestrecke galoppierten zwei Pferde, Schimmel beide, voraus lief eine junge, noch dunkelgraue Araberstute, lang gestreckt mit hohem Kopf, wie die Araber so gern laufen, die Nase im Wind, ein Trinker der Lüfte. Es war wie eine kurze Erscheinung, eine Fata Morgana ohne Wüste, aber mit arabischem Pferden – und schon waren sie weg.
Trotzdem, Jana und Felix hatten die dunkelrote Reitweste über der grauen Stute erkannt.
«Das war Kerstin», sagte Jana. «Vorn auf der kleinen Grauen, das war Kerstin.»
«Ja», sagte Felix, «aber das war ein anderer Mann. Der Typ, mit dem sie da reitet, der ist doch mindestens dreimal so alt wie sie.»
«Noch einer?», murmelte Jana. «Sie scheint die verheirateten Männer rasch zu wechseln.»
Am nächsten Tag, am Samstag, fielen alle wichtigen Entscheidungen. Das war die Jugenddressur für Jana, die Dres-

surprüfung für Dolly, das Jugendspringen für Felix – die letzte Prüfung der Vielseitigkeit sollte erst am Sonntagmorgen sein, doch das war nicht mehr wichtig. Für Dolly war da die Entscheidung schon gefallen.
Am Freitagabend hatte Michael sie Probe geritten und war begeistert. Aber Grohne-Wilte blieb bei einer Preisforderung, die außerhalb von Michaels Möglichkeiten lag. Auch der Mann mit dem Sponsor in Aussicht kam und wollte Probe reiten. Bettina hatte das energisch verhindert. Sie hatte Grohne-Wilte gepackt, beiseite gezogen und gesagt: «Du hast doch gesehen, wie der reitet. Wenn der mit seinen Eisenfäusten heute an Dolly rumzieht, kann ich die Dressur morgen vergessen. Sie schlägt dann nur mit dem Kopf.»
Felix und Jana hatten auf Kerstin gewartet, aber sie war nicht gekommen.
«Wohl zu viele verheiratete Männer um sie rum», vermutete Jana.

Die erste Prüfung am Samstagmorgen war Dollys Dressur. Gleich danach sollte die Jugenddressur für Jana und Askan beginnen. Da Bettina eine der letzten Startnummern hatte, waren beide zusammen auf dem Abreiteplatz.
Während sie vom Sattel aus Dollys Konkurrenten im Viereck beobachteten, erhielt Jana von Bettina letzte Anweisungen: «Sieh zu, dass du entweder ganz nach vorn oder ganz nach hinten kommst. Die Vorhandwendung ist so ziemlich in der Mitte, und es ist nur die eine. Du reitest dann also entweder den ersten oder den letzten Teil vorn und kannst Askan richtig gut vorstellen. Dann lass ihm den Kopf frei, klar? Mensch, guck dir das an!»

Ihre Augen waren bei ihrem Konkurrenten im Dressurviereck, der gerade den einfachen Galoppwechsel verpatzte.
«Ich habe keine Chance, zu verlieren. Dolly ist so viel besser.»
«Schade, dass der Typ sie gestern nicht geritten hat. Der mit den Eisenfäusten. Dann würd sie jetzt mit dem Kopf schlagen, die Dressur versauen, Grohne-Wilte müsste runter mit dem Preis und Michael könnte sie kaufen.»
«Stimmt. So weit hab ich nicht gedacht. Ich mag sie dem gar nicht geben.»
«In einem halben Jahr kann er sie kaufen.»
«Wir verkaufen sie jetzt. An Michael. Guck mal, das Mädchen da hinten mit dem Schimmel. Die wird die Jugenddressur gewinnen, wenn's hier halbwegs gerecht zugeht. Aber das ist dir ja egal, du verschusselst die Prüfung ja doch wieder.»
Jana zuckte die Achseln: «Ein guter Sportler muss verlieren können.»
Bettina nickte: «Ich würde heute gern verlieren. Aber dazu bräuchte ich ein anderes Pferd oder eine andere Prüfung.»
«Sollen wir tauschen?»
«Das Pferd oder die Prüfung?»
«Du musst einen Fehler machen. Das kann doch nicht so schwer sein. Also ich habe da keine Probleme. Komm, Betti, man muss verlieren können.»
«Mach mir das mal vor. Mit Dolly.»
«Mach ich. Soll ich für dich die Vielseitigkeit reiten?»
Askan und Dolly liefen zufrieden im Schritt am langen Zügel nebeneinander her. Sie waren Turniere gewohnt, regten sich nicht auf, und besonders wenn sie beieinander sein durften, waren sie glücklich und fühlten sich auch auf

einem fremden Platz sicher. Und sie ahnten offenbar nicht, dass über ihren Rücken ihr Schicksal entschieden wurde.
«Wenn ich sie anspringen lasse im Mitteltrab?», murmelte Bettina.
«Super! Klar! Das machst du!»
«Das sieht man doch», zweifelte Bettina.
Aber Jana fing sofort an, den Fehler zu organisieren.
«Wie liegt der Mitteltrab? Wechsel durch die ganze Bahn, ja? Von der linken Hand auf die rechte. Grohne-Wilte steht da vorn. Was du mit dem rechten Schenkel machst, kann er nicht sehen.»
«Ich bin Berufsreiterin. Ich kann mir so was nicht leisten.»
«Also, ich mach dir ein Angebot», schlug Jana vor. «Du bist nicht nur Berufsreiterin. Du bist auch Reitlehrerin. Wenn du hier jetzt als Reiterin versagst, kriegst du einen Erfolg als Reitlehrerin. Du verpatzt den Mitteltrab, und ich gewinne die Jugenddressur.»
Bettina musste grinsen: «Jana Ehrgeizlos gewinnt die Jugenddressur.»
«Mach ich!»
Bettina überlegte: «Wenn Dolly im Mitteltrab anspringt, fällt die Wertung für den Mitteltrab weg. Und das ist eine ihrer Stärken. Aber ob das langt, um hier mit so einem Pferd zu verlieren?»
Zwei Starter hatten sie noch abzuwarten. Dann wurde Bettina aufgerufen.
Jana schaute von Askan aus zu.
Dolly ging ihre Lektionen vorbildlich, etwas glanzlos, weil Bettina sie nicht genügend forderte, und dann beim Wechsel durch die ganze Bahn wurde sie zu schnell, das war kein

Mitteltrab mehr, das wurde ein starker Trab, doch gerade, bevor Dolly zeigen konnte, wie fliegend leicht sie im starken Trab schwebte, sprang sie in Galopp.
Gut, dachte Jana. Jetzt muss ich auf Sieg reiten. Ein guter Sportler muss schließlich auch gewinnen können.
Sie schaute sich um. Zum ersten Mal in ihrem Leben testete ihr Blick andere Pferde, andere Reiter unter dem Gesichtspunkt: das sind Gegner.
Sie hatte sich bis jetzt nicht um die Startfolge gekümmert, hatte einfach warten wollen, bis ihre Nummer aufgerufen wurde, nun ritt sie zum Eingang des Abreiteplatzes. Da hing eine Liste. Sie merkte sich die Startnummern, die in ihrer Gruppe waren. Sie nahm die Zügel auf, stellte Askan korrekt an die Hilfen, ritt Schlangenlinien und Bogen über den Platz und schaute sich ihre – ihre was schaute sie an? Gegner? Das waren Mädchen mit Pferden. Gegner? Komisches Gefühl. Aber es machte auch Spaß. Denn sie kämpfte für Dolly. Startnummer 23, ein großer Brauner, der seiner Reiterin schwer auf der Hand lag und nicht vorwärts ging.
Den darf ich nicht vor mir haben, dachte Jana.
Askan konnte es nicht leiden, wenn vor ihm jemand bummelte.
Startnummer 54, ein kleiner Fuchs, der auch gegen die Hand ging, dabei aber heftig vorandrängte.
Ich geh hinter den, dachte Jana, aber der Braune muss davor, sonst komm ich nach Vorhandwendung hinter ihn.
Gar nicht so einfach.
Startnummer 12, der Schimmel, eben der Schimmel, von dem Bettina gesagt hatte, er müsse gewinnen.

Na gut, dachte Jana. Dann haben die Richter den Vergleich. Ich muss eben besser sein.
Die Dressurprüfung der Vielseitigkeit war zu Ende. Es ging ohne Pause mit der Jugenddressur weiter. Bettina kam noch einmal neben Jana.
«Ich hab dein Versprechen. Du reitest jetzt gut! Nicht am Zügel ziehen. Tust du nicht. Nicht runterfallen. Tust du auch nicht. Nicht in der Nase bohren. Damit muss man rechnen. Und nicht beim Angaloppieren am Hintern kratzen, klar?!»
Jana war in der dritten Gruppe. Sie lauerte beim Einreiten, wie früher niemals bei der Reise nach Jerusalem. Da hatte sie auch immer verloren. Als sie sah, dass der Braune sich an den Schimmel hängte, blieb sie zurück und ließ der Schimmelreiterin die Spitze. Nach der Vorhandwendung würde sich alles drehen und dann war die hinter dem Braunen. Jana fing Bettinas Blick. Sie nickte.
Und dann ritt sie die Prüfung ihres Lebens. Ja wirklich. Das erste, letzte und einzige Mal ritt Jana um den Sieg. Dass es auch die letzte Dressurprüfung ihres Lebens war, ahnte sie in diesem Augenblick nicht.
Es gelang ihr fast alles. Askan ging fleißig vorwärts, blieb aber weich in der Hand. Die Zirkel und Volten waren rund, er trat bei der Vorhandwendung nicht nach vorn, er sprang in den richtigen Galopp, er ließ sich durchparieren, ohne mit dem Kopf zu schlagen, nur beim Rückwärtsrichten wich er mit dem rechten Hinterbein nach innen aus. Das machte er immer.
Bettina kam zu ihr, als sie aus dem Viereck ausritt.
«Versprechen gehalten», sagte sie.
«Hab ich gewonnen?», fragte Jana völlig verdattert.

Bettina lachte: «Ich glaube nicht. Aber das musst du auch nicht. Der Schimmel ist zu gut. Auf jeden Fall hast du bewiesen, dass du eine sehr gute Reitlehrerin haben musst.»
Jana wurde zweite.
Dolly allerdings auch.
Jana hatte einen Zehntelpunkt weniger als der Schimmel. Das reichte nicht ganz zum Gewinnen. Aber das war nicht so schlimm.
Dollys zweiter Platz in der Dressur würde nicht reichen, um in der Gesamtwertung zu verlieren.
Das war schlimmer.

PFERDEWECHSEL 10

Am Nachmittag ging Jana mit Askan grasen. Das hatte sie zumindest vor, aber er bekam nicht viele Halme zwischen die Zähne, denn da, wo Jana ging, wuchs kaum noch etwas. Sie liefen über den Turnierplatz, der inzwischen voll war mit Menschen, Autos, Hängern und Pferden, Pferden, Pferden ...

Aber Askan war satt, er hatte reichlich Heu bekommen und genoss den Spaziergang offenbar so sehr wie sein Mensch. Neugierig streckte er seine Nase jedem Pferd und jedem zweiten Menschen entgegen. Er zeigte keinerlei Angst, scheute nicht vor kläffenden Hunden, aufheulende Motoren regten ihn so wenig auf wie schimpfende Reiter, die ihre Sporen suchten, ihre Reitkappe oder die Startnummer. Jana liebte das wirbelnde Leben auf den Turnierplätzen, und mit einem Pferd an der Hand war man so vollkommen mittendrin, gehörte zu den Teilnehmern und sammelte gelassen die bewundernden, manchmal neidischen Blicke der ganz normalen Zuschauer. Und Askan war schließlich nicht irgendein Pferd, sondern eines, das am Morgen eine silberne Schleife gewonnen hatte. Jana hatte überlegt, ob sie ihn mit Trense und der Schleife am Kopfstück durch die Menge führen sollte, fand das aber dann doch zu albern. Askan war ihr Fast-Sieg-Pferd, sie wusste es, und das genügte.

Sie hatte eigentlich nur eine kleine Runde gehen wollen, denn das Zeitspringen auf dem Parcours war beendet, es wurde umgebaut für das Jugendspringen, Felix hatte schon begonnen, Dolly zu putzen. Aber Janas kleine Runde wurde eine große. Zu viele Pferde musste sie bewundern, von zu vielen Blicken wurde Askan bewundert, und dann sah sie Kerstin.

Die winkte ihr zu und kramte aus ihrer wieder völlig verbeulten Reitweste einen Apfel heraus.

«Ihr schon wieder!», rief sie. «Er kriegt noch einen. Die anderen will ich Dolly bringen. Aber glaubst du, ich schaff das? Das hier ist Stress!»

Sie stand neben einem – wahrscheinlich verheirateten – Mann, der ungefähr dreimal so alt war wie sie, aber es war nicht der vom Freitag auf dem Schimmel. Auch das Pferd war wieder ein anderes, ein feiner schwarzer Wallach, mit dem Askan den Apfel – süßsauer – teilen musste. Zwei weitere Männer betrachteten das Pferd, und da war noch ein

vierter, aber der hatte eine Frau neben sich, gehörte also wohl nicht in Kerstins Sammlung.
«Er ist ein Shagya-Araber», sagte Kerstin. «Gefällt er dir?»
Jana konnte nur nicken, ein hinreißend schönes Pferd.
«Aber er heißt Emelek», fuhr Kerstin fort. «Das ist doch ein blöder Name, findest du nicht?»
«Kerstin, bitte», sagte der Mann mit Frau, «jetzt häng dich nicht an dem Namen auf. Du kannst ihn doch anders nennen.»
«Emelek ist ungarisch und heißt Erinnerung», erklärte der Mann, der das Pferd hielt. «Und das ist ein schöner Name. Man muss es nur richtig aussprechen.»
«Und das Pferd passt zu dir», sagte einer der beiden anderen Männer. «Perfekt gebautes Reitpferd, müsste alles können, Dressur, Springen, Gelände. Du solltest ihn ausprobieren.»
«Auf den ersten Blick gesund», sagte der andere Mann.
Kerstin schaute Jana an.
«Ist er so schön wie Dolly?», fragte sie.
«Ja», sagte Jana. «Ist das so wichtig?»
«Nein», stimmte Kerstin zu, «eben nicht. Er ist auf jeden Fall schöner als dein Fuchs, aber würdest du deshalb tauschen?»
«Bist du verrückt?», fragte Jana.
«Seht ihr», Kerstin drehte sich um, «sie versteht mich. Das ist alles nicht so wichtig.»
Die Frau trat einen Schritt vor und erklärte dem Mann, der Emelek am Halfter hielt: «Kerstin sucht ihr Pferd fürs Leben. Es muss so was wie Liebe auf den ersten Blick sein. Seit einem halben Jahr tyrannisiert sie uns damit, dass sie Pferde ausprobiert und dann ablehnt. Und wir würden nichts lieber tun, als eine größere Summe Geld endlich auszugeben.

Wir haben Stall und alles fertig. Können Sie sich vorstellen, dass es ein Problem ist, aus dem Konto Pferd endlich ein richtiges Pferd zu machen?»
Etwas läutete in Janas Kopf. Was hatte Bettina auf der Hinfahrt gesagt? ‹Wir müssen das Wertpapier Dolly in das Lebewesen Dolly verwandeln.› So ungefähr hatte Bettina das gesagt.
«Einmal haben wir es fast geschafft», erzählte der Mann, den Jana nun für Kerstins Vater hielt. «Da hat's gefunkt.»
«Das war ein Connemarapony», sagte Kerstin und sah plötzlich traurig aus. «Eine schwarze Stute.»
«Aber die Besitzerin gab sie nicht her, egal was wir geboten haben», erklärte ihr Vater.
«Ich wollte das auch nicht», Kerstin schüttelte den Kopf. «Man kauft einem Mädchen nicht sein Pony unter dem Hintern weg, nur weil man viel Geld hat. Das wäre gemein. Also hab ich es nicht bekommen. So ist das.»
Sie schaute Jana an, mit traurigen Augen schaute sie Jana an. Und die dachte: ‹Immer wenn man sich in einen Mann verliebt, ist der verheiratet.›
So war das.
Sie verstand.
Emelek knabberte an einer Beule in Kerstins Reitweste, und bevor er ein Loch in den Stoff fraß, holte sie den Apfel heraus und Emelek durfte ihn fressen. Askan bekam auch ein Stück.
«Also willst du ihn nun Probe reiten?», fragte die Frau.
Kerstin nickte: «Er ist wundervoll. Er kann nichts dazu, dass ich spinne. Ich glaube von allen, die ich in den letzten Tagen hier geritten habe, ist er mir der liebste.»

«Geh mal zuerst auf den Abreiteplatz», sagte der Mann. «Du wirst sehen, *er* spinnt überhaupt nicht. Dann reiten wir ins Gelände. Du kannst ihn auch springen. Kann sie das?», fragte er einen der Männer.

«Sie ist gut», sagte der. Offenbar Kerstins Reitlehrer.

Jana hatte es plötzlich eilig. Sie zupfte an Askans Halfter.

«Ich komm gleich wieder!», rief sie Kerstin zu. «Gib nicht nach. Ein tolles Pferd ist ein tolles Pferd. Aber Liebe ist Liebe.»

Sie rannte mit Askan über den Turnierplatz, musste anderen Pferden ausweichen, Hänger umkreisen, zusammen mit Askan über Sättel springen. Zugleich rotierte in ihrem Hirn: Erst nur Felix erzählen. Er soll sagen, was er davon hält. Sie weiß nicht, dass Dolly verkauft wird. Sie haben nur die andere Liste angeschaut. Die mit den Freizeitpferden. Ja, was soll sie mit so einem Sportpferd. Aber wenn die doch zahlen können? *Wenn* die zahlen können!!!

Als sie den Stall erreichte, war Felix gerade dabei, Dolly zu satteln. Bettina unterhielt sich mit Michael und Grohne-Wilte. So fand Jana eine Gelegenheit, Felix zu erklären, was die verheirateten Männer in Kerstins Leben wirklich bedeuteten.

«Es ging ihr um Dolly», keuchte sie. «Sie sucht seit ungefähr einem Jahr ein Pferd. Aber immer, wenn sie sich wirklich in ein Pferd verliebt, ist das in festen Händen. Kapierst du? Und sie hat Dolly geliebt. Auf den ersten Blick. Und sie ist gleich auf dem Abreiteplatz, da kannst du ihr dann sagen, dass sie Dolly haben kann. Wenn du willst, dass sie sie bekommt.»

«Das ist verrückt, Jana. Dolly ist ein Sportpferd!»

«Ja, ein Sportpferd. Ein Sportpferd ist eine Aktie. Kerstin macht daraus einen Freund fürs Leben.»
«Grohne-Wilte gibt sie denen nicht.»
«Der verkauft sie an jeden, der zahlen kann.»
«Und du glaubst, die können das zahlen?»
Jana zuckte sie Achseln: «Weiß nicht. Frag sie auf dem Abreiteplatz.»
Da kam Bettina und kontrollierte Dollys Sattel, völlig überflüssig, Felix konnte schließlich satteln.
Felix saß auf und ritt zum Abreiteplatz. Jana, Bettina, Grohne-Wilte und Michael liefen neben ihm her.
«Ihr letztes Wort?», hörte Jana Michael sagen.
Bettina warf ihr einen unglücklichen Blick zu.
«Sie müssen das verstehen, bitte», sagte Grohne-Wilte. «Ich würde Ihnen die Stute gern verkaufen. Aber ich kann nicht so weit runtergehen mit dem Preis. Dann muss ich eben warten. Mit jedem Turnier wird sie in der Szene bekannter. Im nächsten Frühjahr hat einer das Geld zusammen.»
Michael nickte. Das war vorbei.
Bettina trat einen Schritt vor und flüsterte Felix zu: «Du kannst auf Sieg reiten. Es kommt nicht mehr darauf an. Da ist nichts mehr zu handeln. Also hol dir wenigstens eine goldene Schleife.»
Felix schaute sie nicht an, sondern wechselte einen Blick mit Jana. Sie sahen von Weitem: auf den Abreiteplatz ritt gerade ein Mädchen mit einer dunkelroten Reitweste auf einem schwarzen Pferd.
Aber zunächst einmal musste Felix wieder absitzen. Der Parcours wurde zur Besichtigung freigegeben, und die 23 Jugendlichen schritten die Hindernisse ab. Bettina führte

Dolly so lange außerhalb des Platzes. Sie saß nicht auf. Es sollte nicht der Eindruck entstehen, sie müsse ihrem Schüler das Pferd abreiten. Das konnte Felix wirklich selber.
Kerstin ging mit Emelek im Schritt am Rande des Abreiteplatzes entlang. Sie blieb auf einer Höhe mit Dolly. Am Ende der langen Seite drehte Bettina um. Kerstin auch.
Sie hat sie erkannt, dachte Jana. Obwohl sie Bettina nie mit ihr gesehen hat. Sie hat Dolly sofort erkannt. Das muss wirklich gefunkt haben.
Felix kam zurück, stieg wieder in den Sattel und ritt auf den Platz.
Am Rand standen unverhältnismäßig viele Vielseitigkeitsreiter. Die waren nicht gekommen, um das Jugendspringen zu sehen. Ihre Augen hingen alle an demselben Pferd. Da war auch wieder der Mann mit den Eisenfäusten. Quer über den Platz meinte Jana zu sehen, wie es in seinem Kopf knatterte und rechnete: … in einem halben Jahr ... mit einem Sponsor ... dann ...
Aber dann erlebten Dollys Bewunderer zunächst einmal etwas Unerwartetes: es war so etwas wie ein Pas de deux. Der Junge im schwarzen Turnierjackett (geliehen) und das Mädchen in der dunkelroten Reitweste (nicht geliehen und immer noch etwas verbeult von drei süßsauren Äpfeln) blieben nebeneinander, im Schritt, im Trab, im Galopp, auf der Geraden, auf dem Zirkel, in der Volte. Nur ganz am Anfang im Schritt hatte Kerstin einmal ungeschickt am Zügel gezogen und Emelek mit dem Kopf geschlagen. Aber sie waren sofort wieder nebeneinander. Dabei unterhielten sie sich. Und je länger sie ritten, desto mehr lachten sie. Und Jana lachte auch. Aber leise.

«Was hat er nur mit diesem Mädchen?», fragte Grohne-Wilte. «Er soll sein Pferd abreiten, nicht rumflirten. Kennst du die?»
Er hatte Bettina gefragt. Sie schüttelte den Kopf.
Das Paar ritt in die Mitte. Sie parierten ihre Pferde durch zum Halten. Und –
«Was macht er denn jetzt?», schrie Grohne-Wilte.
Felix sprang von Dolly, Kerstin sprang von Emelek. Sie tauschten die Pferde.
Grohne-Wilte wollte auf den Abreiteplatz springen. Bettina warf Jana einen fragenden Blick zu. Die lachte und strahlte. Bettina fasste Grohne-Wiltes Schulter und schaute auf Felix. Der strahlte auch.
«Lass mal», sagte Bettina. «Lass ihn. Bitte. Er weiß, was er tut.»
Kerstin ritt Dolly. Felix ritt Emelek. Der Pas de deux ging weiter. Auch nach dem Pferdewechsel war das Paar nicht weniger gut.
Dann der Lautsprecher:
«Nächster Starter die Nr. 32 Dolores mit Felix Krause.»
Da trennte sich das Paar. Felix parierte den Rappen durch. Kerstin ritt ein paar Meter weiter.
«Gib sie mir wieder!», rief er. «Ich muss in die Prüfung.»
Das ging wieselflink, wie sie von den Pferden sprangen, tauschten und wieder aufsaßen. Felix, am langen Zügel, trabte zum Start. Bevor er in den Parcours ritt, drehte er sich noch einmal um und rief über den Platz: «Kerstin! Welche Schleife soll ich holen. Welche Farbe steht Dolly am besten?»
«Rot!», rief Kerstin. «Oder Gold! Was ist leichter für euch?»

«Gold! Das ist ganz einfach!»
Und er ritt in den Parcours.
Am Rand des Platzes schnaubte Grohne-Wilte: «Rot! Untersteh dich, für diese Göre auf den vierten Platz zu reiten.»
Es war das einzige Mal, dass er zu Kerstin Göre sagte. Er wusste noch nichts von dem Mädchen und seinen Eltern.

Er wusste auch nichts von dem, was Felix und Kerstin miteinander geredet hatten:
Als Felix mit den anderen Teilnehmern den Parcours angeschaut hatte und Dolly wieder von Bettina übernahm, hatte Kerstin schon am Eingang des Abreiteplatzes gewartet. Sie ritten zunächst im Schritt nebeneinander her.
«Jetzt kann ich ihr wieder keine Äpfel geben?», fragte Kerstin.
«Habt ihr einen Apfelbaum?», fragte Felix.
«Viele.»
«Großes Haus mit Stall ohne Pferd?»
«Ja. Hat dir Jana erzählt?»
Felix nickte: «Du willst ein Pferd kaufen?»
«Eigentlich schon.»
«Eigentlich dies. Ich meine das, auf dem *ich* sitze, nicht du.»
«Sie ist dein Pferd und du liebst sie.»
«Ich liebe sie, aber sie ist nicht mein Pferd.»
«Dann wünsche ich euch, dass ihr lange zusammenbleiben könnt.»
«Können wir nicht. Sie wird verkauft.»

Kerstin zog ungeschickt am Zügel, Emelek schlug mit dem Kopf und blieb stehen, sie trieb ihn wieder neben Dolly. Felix trabte an. Dabei redete er weiter, erzählte von Michael und dem Mann mit den Eisenfäusten und fragte schließlich: «Wie viel können deine Eltern denn zahlen?»
«Die zahlen. Sie sind froh, wenn ich endlich Ja sage.»
«Habt ihr so viel Geld?»
«Meine Mutter ist Chefin von der Kurklinik hier und mein Vater ist Oberarzt. Ich bin das einzige Kind. Und alles, was ich will, ist ein Pferd, das ich liebe. Wir wären alle glücklich, wenn man so etwas kaufen könnte. Zahlen können wir.»
Da galoppierte Felix an.
«Du kriegst sie!», rief er ihr leise zu. «Du sollst sie haben.»
So ritten sie ihren Pas de deux. Bis Kerstin fragte: «Darf ich sie reiten?»
«Jetzt? Vor der Prüfung?»
«Ist das noch wichtig?»
Und sie tauschten die Pferde.
Aber Felix ritt die Prüfung dann doch.
«Welche Schleife steht Dolly am besten?», rief er Kerstin zu, bevor er in den Parcours ritt.
Gold! Also Gold. Siegen war leicht. Hätte sie sich für Rot entschieden, wäre er in arge Schwierigkeiten gekommen.
Felix wusste, er hoffte: dies war sein letztes Springen mit Dolly.
Die Ehrenrunde nach der Siegerehrung vorn vor den Platzierten mit der goldenen Schleife am Reithalfter war ihr letzter gemeinsamer Galopp.

Kerstins Eltern schnappten dann doch nach Luft, als Grohne-Wilte seine Preisforderung nannte. Sie schauten ihre Tochter an. Ihre Blicke sagten: Muss das sein?
Dolly stand zwischen Felix und Kerstin und fraß endlich ihre süßsauren Äpfel. Felix strich über ihre feine Nasenlinie. Seine Hand zitterte. Den rechten Zügel hielt er, den linken Kerstin. Ihre Hand zitterte auch.
«Bitte bedenken Sie», sagte Grohne-Wilte, «dass Sie auch eine vorzügliche Zuchtstute kaufen. Ihre Tochter macht den Eindruck, als würde sie das Pferd, das Sie ihr jetzt kaufen, für immer behalten wollen. Sie werden es nicht, wenn sie die Schule abgeschlossen hat und zum Studium vielleicht weit weg muss, verkaufen können.»
«Wollen wir doch auch gar nicht», sagte Kerstins Vater.
«Aber Sie können das Pferd auch nicht einfach herumstehen lassen. Mit dieser Stute können Sie züchten. Und wenn Ihr Haus wirklich so liegt, wie Sie das schildern, müssten Sie Dolly dann nicht einmal weggeben.»
«Dann wären wir also in sechs Jahren Pferdezüchter», wandte Kerstins Mutter ein. «Und so langsam wächst dann ein ganzes Gestüt heran. Denn ich glaube nicht, dass Kerstin Dollys Fohlen verkauft.»
«Hm», machte Kerstin. «Glaube ich auch nicht.»
Felix fing an zu rechnen.
«Ich mache in fünf Jahren Abi. In zwölf Jahren bin ich Tierarzt und kann mir ein Pferd leisten. Dollys erstes Fohlen ist dann fünf.»
Um Dollys Kopf herum schaute er Kerstin an.
«Ich ändere meine Meinung», sagte die, «Dollys erstes Fohlen ist verkauft.»

«Ein vierjähriges Fohlen wäre mir natürlich lieber», überlegte Felix.
«Vielleicht kannst du einmal sitzen bleiben?», schlug Jana Kerstin vor.
«Abgelehnt!», protestierte deren Mutter.
«Dann mache ich ein freiwilliges soziales Jahr in eurer Klinik.»
«Gut. Darüber können wir reden», stimmte ihre Mutter zu.
«Kriege ich das zweite Fohlen?», fragte Jana. «Mit Askan züchten geht nun mal nicht. So ein Jahr später als Felix bin ich auch Tierärztin ...»
Bettina grinste. Dass Jana Tierärztin werden wollte, war ihr neu.
«... und dann brauche ich ein Pferd.»
«Das sehe ich ein», gab Kerstin zu. «Dollys zweites Fohlen ist auch verkauft.»
«Wir haben dann noch Theres für die nächsten Jahrgänge», sagte Jana. «Die hat so viel Geld. Die kann – wann bist du mit dem Studium fertig und kannst Dolly wieder täglich reiten?»
Wer nichts mehr sagte, war Grohne-Wilte. Hier wurde mit ganz anderen Zahlen und Einheiten gerechnet, als er es gewohnt war. Bettina drehte sich hin und wieder um und guckte weg, Jana sah sie grinsen. Diese Art von Pferdehandel war neu.
«Das Beste ist», entschied Kerstins Mutter, «Sie kommen zu uns, schauen an, was wir da gebaut haben, und wir klären die Details. Morgen Vormittag, geht das?»
«Da muss ich reiten», sagte Bettina. «Da ist Dollys letzte Prüfung von der Vielseitigkeit. Wollen Sie das nicht sehen?»

«Warum machen wir das nicht gleich?», schlug Grohne-Wilte vor.
Aber Kerstins Mutter zögerte.
«Wir möchten das heute noch einmal unter uns beraten. Mit Kerstins Reitlehrer und unserem Tierarzt.»
«Gut!», Grohne-Wilte sah das ein. «Ich gebe Ihnen die Beurteilung von meinem Tierarzt, die Liste von Dollys bisherigen Turniererfolgen und eine Kopie ihrer Papiere. Es ist Samstagabend, aber sicher erwischen Sie irgendwo am Telefon jemand vom Trakehnerzuchtverband, der Ihnen die Stammtafel beurteilen kann.»
«Aber Felix und Jana kommen mit!», verlangte Kerstin.
Ihre Eltern nickten.
«Wir laufen!», entschied Kerstin. «Dann kann ich Felix den Weg zeigen, den er morgen reiten muss, wenn er Dolly zu uns bringt.»
«Das heißt, wir brauchen keinen Hänger?», fragte Bettina mit einem lauernden Blick auf Grohne-Wilte.
«Ich sollte Ihnen sagen, dass Dolly nicht allein auf einen Hänger geht», sagte der. «Für Sie nicht so wichtig, weil Ihre Tochter nicht so viele Turniere reiten will, aber jedes Pferd muss im Notfall auf den Hänger gehen. Sie müssten das mit ihr üben.»
«So?», Kerstins Vater grinste. «Wie viele tausend Euro ist das wertmindernd?»
Aber Grohne-Wilte blieb dabei, er habe das schon kalkuliert.

Kerstin führte Jana und Felix durch einen herrlichen Waldweg. Dollys zukünftige Ausreitstrecke?

«Ihr könnt mich natürlich besuchen, wann immer ihr Zeit habt. Wir haben massig viel Platz, und Pferde kriege ich genug im Reitverein. Du kannst dann wieder Dolly reiten, hier auf diesem Weg.»

«Glaubst du wirklich, deine Eltern zahlen diesen Preis?»

«Ja», Kerstin schien nicht zu zweifeln. «Unser Reitlehrer hat schon gesagt, der Preis sei angemessen.»

«Hoffentlich zieht er sie dir nicht unter dem Hintern weg, weil er selber mit ihr im Turnier starten will.»

Kerstin lachte.

«Mir zieht niemand mein Pferd unter dem Hintern weg!»

Sie erreichten ihr Elternhaus. Für Jana und Felix gab es nicht viel zum Staunen. Sie gingen bei Theres ein und aus, waren also solchen Luxus gewöhnt. Und doch mussten sie sich wundern: Man fühlte sich in diesem Haus ganz anders als bei Theres. Nirgendwo lauerte Angst.

«Ich hatte keine Ahnung, dass reiche Leute so normal sein können», flüsterte Felix Jana zu.

«Weiß nicht, ob die normal sind», zischte Jana zurück.

Kerstins Eltern hatten ein gemeinsames und keineswegs normales Hobby: Ballon fahren. Überall hingen Fotos, Luftaufnahmen vom Ballon nach unten, oder von unten hinauf zu dem knallrotbunten Heißluftballon. Normal oder nicht: die hatten keine Angst. Theres' Mutter dagegen kriegte schon Zustände, wenn ihre Tochter mehr als drei Luftballons in der Hand hielt. Nicht ganz zu unrecht. Es bestand durchaus die Gefahr, dass Theres mit mehr als drei Luftballons in der Hand davonflog.

«Wenn ihr uns besucht, fahren wir auch mal Ballon», schlug

Kerstins Vater vor. «Ich müsste nur vorher mit euren Eltern darüber reden.»
Jana stellte fest: Der rechnet damit, dass wir kommen, also wird er Dolly kaufen.
Kerstin zeigte ihnen zuerst den Blick aus ihrem Fenster im Obergeschoss. Dabei trug sie Cleo und Toni die Treppe hinauf.
Die Aussicht war sehenswert. Kein Berg, kein See, kein Stadtpanorama konnte da mithalten: Pferde. Den sanften Hügel hinunter bis in die Senke und dann wieder ansteigend: Weiden. Auf dem gegenüberliegenden Hügel die Reitschule.
«Haben deine Eltern gewusst, was sie taten, als sie hier gebaut haben?», fragte Felix.
«Nee», grinste Kerstin. «Aber sie haben es schnell gemerkt. Ich war vier. Ich sah die Pferde und war für das Ballonfahren verloren.»
Auf einer Weide entdeckten sie vier Stuten mit Fohlen.
«Werden leider bald abgesetzt», erklärte Kerstin. «Sie kommen dann auf große Aufzuchtwiesen, wo sie viele Fohlen zum Spielen haben. Das müssen wir mit Dollys Fohlen natürlich auch machen.»
Dann zeigte sie den Stall. Man musste nicht einmal nach draußen gehen. Der Keller lag nach Süden über der Erde. Anstelle einer Einliegerwohnung war hier ein Stall gebaut.
«Ich kann im Schlafanzug die Pferde füttern gehen», erklärte Kerstin.
Aber welche Pferde? Zunächst einmal tummelten sich nur zwei winzige Hunde in einer riesigen Saal-Box, die bereits eingestreut war.

«Hier soll Dolly wohnen?», fragte Felix. «Aber doch nicht allein. Du kannst sie doch nicht als Einzelpferd halten. Das geht nicht.»
«Natürlich nicht! Sie bekommt zuerst eine Box drüben im Reitverein und ist jeden Tag mit den anderen Pferden auf der Weide. Dann werden wir sehen, wer ihr Freund wird. Den oder die wollten wir dann hier aufnehmen. Als Gastpferd. Wenn nötig, kaufen wir es auch.»
«Noch ein Pferd?»
«Natürlich nicht so ein teures. Wir müssen es ja vielleicht auch nicht kaufen. Wir dachten nur, unser Pferd soll sich seinen Stallgefährten selber aussuchen.»
Felix und Jana schauten sich an. Sie wussten, sie dachten beide dasselbe: Dolly hat sich ihren Stallgefährten schon lange ausgesucht.
Die Stalltür war offen. Von da ging es auf den Paddock und weiter auf die Wiesen.
«Ich zeig euch den Heustock», sagte Kerstin und ging voraus.
«Ihr würdet das zweite Pferd auch kaufen?», fragte Felix.
Und Jana stolperte über einen Strohballen.
«Ich weiß nicht. Meine Eltern sind ungeheuer großzügig. Aber irgendwann sagen sie auch Nein. Andererseits denke ich, wir hätten dann sicher eine Reitbeteiligung für das Pferd. Es würde uns nichts kosten.»
Kerstin stieg eine Leiter hinauf. Felix folgte ein paar Stufen, schaute hinunter zu Jana. Die stieß sich die Schulter an der Leiter und merkte es nicht. Morgen würde sie einen blauen Fleck haben und nicht wissen, woher. Sie versuchte Felix' Blick auszuweichen, aber sie schaffte es nicht.

«Ja», flüsterte sie, «ja.»
Felix stieg die Leiter wieder hinunter.
«Warum kommt ihr nicht?», rief Kerstin.
«Es ist schrecklich», sagte Felix zu Jana, «ich weiß.»
Jana nickte und guckte weg.
«Glaub mir, ich weiß genau, wie schrecklich das ist», sagte Felix.
Jana drehte sich wieder zu ihm um.
«Sag du's ihr», flüsterte sie.
Und sie rannte davon.
Durch den Garten, an den Weiden entlang, in den Wald. Denselben Weg zurück. Und? Was hat sich denn nun geändert. Es geht immer noch um genau dasselbe. Ein Pferd soll verkauft werden. Ein Mensch soll sein Pferd verlieren, das Pferd seinen Menschen. Mit diesem Gedanken sind sie den Hinweg gegangen, mit diesem Gedanken läuft sie zurück, und doch fühlt sich das alles noch einmal ganz anders an, wenn es das eigene – ach, Askan –
Sie läuft schnell und atmet falsch. Davon kriegt man Seitenstechen. Das passiert ihr sonst nicht. Sie stürzt über einen Ast und schlägt sich das Knie auf. Kann nicht so schlimm sein, in ihrer Jeans ist kein Loch, warum tut auf einmal alles so weh? Auch die Schulter. Was ist mit der Schulter? Sie liegt auf dem Boden und will nicht weiter.
Aber Kerstin liebt ihn doch gar nicht, denkt sie. Sie will Dolly, nur Dolly, sie hat nicht nach Askan im Programmheft gesucht. Wahrscheinlich hat sie seinen Namen vergessen. Nein, sie liebt ihn nicht.
Trotzdem rennt sie weiter und atmet noch immer falsch. Sie presst die linke Hand auf die Seite, dahin wo es so sticht.

Vielleicht macht Grohne-Wilte das nicht, denkt sie. Oder Kerstins Eltern machen das nicht. Vielleicht will Kerstin das selber nicht. Denn sie liebt ihn nicht. Aber er ist doch Dollys Freund, Dollys bester und liebster Pferdefreund.
Sie erreicht die Lichtung, wo sie Dolly und Askan vorgestern haben grasen lassen, wo sie Kerstin mit den Hunden trafen.
Was ist wichtiger, denkt Jana. Was ist wichtiger für ein Pferd? Dass sein Mensch es liebt? Der ist vielleicht zwei Stunden am Tag bei ihm. Oder dass sein Stallgefährte sein bester Freund ist?
Jana erreicht den Stall. Dolly und Askan dösen in ihrer Gemeinschaftsbox. Sie hat Seitenstechen. Das Knie tut ihr weh und die Schulter. Und das Herz. Aber das kommt nicht vom Rennen.
Sie schlüpft unter dem Balken durch, schlingt Askan die Arme um den Hals und heult ihm die Mähne nass.

Am nächsten Morgen gewann Dolly das Springen und war damit Gesamtsiegerin der Vielseitigkeit. Kerstin und ihre Eltern feierten den Sieg eines Familienmitglieds. Der Mann mit den Eisenfäusten wurde Zweiter. Felix behauptete, er sei bei der Ehrenrunde gierig hinter Dolly hergeritten, er sei nicht ganz sicher, ob der einfach nur gern überholt hätte, um vorn zu sein, oder ob er Dolly hätte einfangen wollen.
Danach auf alle Fälle beobachtete er misstrauisch, welche Leute da sein Sponsorpferd umringten und mit süßsauren Äpfeln fütterten.
Und dann kam von Kerstins Vater die von Jana so sehr befürchtete Frage. Grohne-Wilte war zunächst verblüfft.

«Askan?», fragte er. «Was wollen Sie mit Askan? Im Übrigen, den verkaufe ich nicht.»
Kerstin und Felix erklärten. Grohne-Wilte schaute Jana an. Sie hielt seinem Blick stand. In ihren Augen an der Nase war ein heftiger Druck, der wurde immer stärker, tat weh. Da sammelten sich Tränen, flossen aber noch nicht hinaus.
«Jetzt schauen Sie sich erst einmal an, was wir für die Pferde gebaut haben», sagte Kerstins Mutter.
Diesmal fuhren sie mit den Autos.
Grohne-Wilte ging durch den Stall, über den Putzplatz, vorbei an der Pferdedusche, über den Paddock.
«Ist eine Drainage drunter?», fragte er.
Kerstin nickte: «Winterfest.»
Grohne-Wilte schaute hinüber zu den Weiden. Er war ein Fachmann und erkannte sofort, wie Pferde hier leben würden. Und dann tat er etwas, womit niemand gerechnet hatte. Er sah Jana an und fragte: «Was sagst du?»
Aber Jana konnte nichts sagen. Der Druck in ihren Augen ließ nach, denn jetzt flossen die Tränen, aber das fühlte sich nicht besser an. Jana konnte nur nicken.
Und Grohne-Wilte tat noch etwas, was niemand für möglich gehalten hatte.
«Ich wollte Askan nie verkaufen», sagte er. «Nie!»
Askan war die letzte Erinnerung, die ihn mit seiner Zeit als Reiter verband. Von den vielen Pferden, die ihm gehörten, war Askan das einzige, das er jemals geritten hatte.
«Jana! Entscheide du!»
Jana biss so fest auf die Unterlippe, dass sie wehtat, mehr als der Druck in den Augen vorhin.
«Ich glaube, Askan möchte bei Dolly bleiben», sagte sie.

Und dann ging alles schnell, so schnell, dass niemand mehr Zeit hatte, sich zu wundern, obwohl es Grund genug gab.
«Ich verkaufe Ihnen Askan für den symbolischen Preis von einem Euro», sagte Grohne-Wilte, «und zwar mit einem Vertrag, der mir ein Rückkaufsrecht einräumt. Sie können ihn also nicht weiterverkaufen. Das wäre auch nicht sinnvoll, denn an einen Schlachter kann er nicht gehen. Ich habe in seinen Pferdepass eintragen lassen, dass Askan nicht zur Gewinnung von Nahrungsmitteln vorgesehen ist. Ja – und ich möchte ihn hin und wieder besuchen.»
«Sie sind willkommen.»
Grohne-Wilte drehte sich zu Jana und Felix um. Er lachte. Es war ein Lachen, das sie nicht an ihm kannten. Es war ein kleines, ein ganz dünnes Lachen, das durchsichtig über seinen traurigen Lippen lag.
«Und die?», fragte er. «Die beiden. Die darf ich mitbringen?»
Er wartete keine Antwort ab.
«Weißt du was, Jana», sagte er, «wenn Dolly ihr Fohlen hat, dann wird Askan Onkel. Vor mehr als zehn Jahren hatte ich ihn mal auf einer Weide mit Mutterstuten. Er war ein fantastischer Onkel. Er hat, es glaubt mir niemand, aber ich habe es mehrfach gesehen, er hat einen Ast ins Maul genommen und ist über die Wiese gerannt. Die Fohlen hinterher. Er hat den Ast fallen lassen, und die Fohlen haben sich um den Ast gebalgt wie junge Hunde – und Askan hat zugeschaut und gelacht.»

Kerstin bestand darauf, dass Jana und Felix ihre beiden Pferde allein in die neue Heimat ritten. Sie gingen langsam. Schritt

am langen Zügel. Den ganzen Weg. Trotzdem sprachen sie nicht. Und sie schauten sich auch nicht an. Nur einmal sagte Jana: «Äh, Felix!»
Er sah sie an. Sie streckte eine Hand aus, zupfte an Dollys Mähne und sagte: «Mama Dolly.»
Und Felix grinste: «Onkel Askan.»

11 SPRINGFLUT IM MÄHNENMEER

Bei der Rückfahrt war der Hänger leer.
Es fehlten auch die Sättel, die Trensen, die Decken und Bandagen. Nur drei Schleifen – eine silberne, zwei goldene – lagen im Kofferraum des Landrovers.
«Ich fahr allein», sagte Grohne-Wilte. «Ihr könnt mit Bettina fahren. Beide.» Dabei wich er vor allem Janas Blick aus. Und die verstand, dass sie nicht die Einzige war, der die Trennung von Askan so schwer fiel. Sie setzte sich in Bettinas Auto sofort nach hinten. Auch sie wollte allein sein.
Für mich ist es noch schlimmer als für Felix, dachte sie. Er hat schließlich gewusst, dass er wahrscheinlich ohne Dolly zurückkommt. Ich hatte keine Ahnung.

Grohne-Wilte auch nicht, dachte sie. Dass er so traurig ist! Man muss ihn richtig gern haben.
«Du musst nicht auf mich warten», hatte Grohne-Wilte zu Bettina gesagt. «Ich darf auch mit leerem Hänger nur 80 fahren. Aber du kannst schneller.»
Das tat Bettina aber nicht. Sie bummelte.
«Ich muss meinen alten Karren schonen», behauptete sie.
Das machte sie sonst nicht. Sie trödelte vor sich hin, immer im gleichen Abstand zu Grohne-Wilte mit dem Hänger, und sagte lange Zeit gar nichts. Dann richtete sie sich plötzlich auf, trat aufs Gas, sprang dem Landrover ein paar Meter davon, aber das war nur ein Satz, sie wurde sofort wieder langsamer.
«Ihr seid toll, ihr zwei», sagte sie. «Ich hab euch gern. Überhaupt, ich mag Menschen, heute mag ich Menschen. Das ist nicht immer so, aber heute finde ich, dass man auch mit zwei Beinen ein wertvolles Mitglied in der Gemeinschaft der Lebewesen sein kann. Jana!»
Sie suchte Janas Gesicht im Rückspiegel, es gelang ihr nicht. Trotzdem sprach sie weiter.
«Jana, das war groß! Dafür kriegst du von mir einen Freibrief für alle deine Schandtaten. Egal, was du noch anstellst, ich werde dir nie wieder etwas übel nehmen. Versprochen!»
Man sollte nie ‹nie› sagen! Und das dann nicht auch noch mit einem Versprechen verbinden. Es war ein Versprechen, das Bettina noch am selben Tag, zweieinhalb Stunden und 140 Kilometer später brechen würde.
Jana hatte viel Platz hinten in dem alten Mercedes. Sie konnte sich da richtig ausstrecken und versuchte, nicht aus dem Fenster zu sehen. Jeder einzelne Baum, der da

vorbeiflog, jeder Busch, jedes Haus würde von nun an zwischen ihr und Askan stehen. Sie versuchte, ihre Gefühle zu sortieren. Watteweich und warm lag in ihrem Bauch der Gedanke an Askan und Dolly in ihrem riesigen Doppelzimmer. Lag Askan in dem frischen Stroh? Oder Dolly? Waren sie auf den Paddock gegangen? Lagen sie dort in der Septembersonne? Standen sie am Zaun und schauten neugierig hinüber zu den anderen Pferden? Oder hatte Kerstin ihnen eine ihrer Hausweiden geöffnet? Sie hatten jetzt viel mehr Möglichkeiten, als nach hinten durch ihr Boxenfenster auf den Parkplatz des Ulmenhofs zu schauen oder nach vorn durch das Gitter auf die Stallgasse. Askan und Dolly waren keine Käfigpferde mehr! Und würden es nie wieder sein.

Jana versuchte, ganz fest daran und nur daran zu denken. Da war sie glücklich.

Aber wenn sie so fest daran dachte, fing sie an, Askan zu riechen, Askan und seinen Sattel und den Wind, wenn er vom See kam, und den würzigen, oft etwas feucht modrigen Geruch des finsteren Tannenweges hinauf zum alten Gutshaus und den leichten Hauch von Benzin und Diesel auf der Strecke, die dicht an der Schnellstraße vorbeiführte. Da krampfte sich ihr Magen zusammen. Nie wieder würde sie mit Askan diese Wege reiten.

Sie dachte an die silberne Schleife in Grohne-Wiltes Auto und genoss das Gefühl, so gut geritten, so gut bewertet worden zu sein. Und kämpfte gegen den Druck in den Augenwinkeln. Nie wieder würde sie mit Askan an einer Jugenddressur teilnehmen.

Und was erwartete sie auf dem Ulmenhof? Bettina hatte ihr

ihre Freundschaft versprochen. Aber sie konnte Alberta und Theres nicht ersetzen. Und Felix? Troilus reiten wollte er nicht. Würde er sich ganz zurückziehen? Und Jana nun ganz allein sein? Und das auch noch ohne Askan?
Sie war nicht böse darum, dass Bettina so langsam fuhr. Jeder Kilometer näher am Ulmenhof brachte sie nicht zu, sondern weg von ihrem Pferd.
So dauerte es lange, aber schließlich erreichten sie doch den Parkplatz vom Ulmenhof – eine Reitschule ohne Dolly und Askan.
Dort war es voll. Es war Sonntagabend. Da hatten viele Zeit. Grohne-Wilte fuhr den Hänger sofort auf den Hängerparkplatz. Bettina, als sie ausstieg, sagte: «Bin gespannt, was dieser Troilus wieder angestellt hat.»
Auf dem Reitplatz waren Andreas und Rena mit Malachit und Fantasy. Maren versuchte, ihrem Schimmel die Beine abzuspritzen, und sprang hektisch herum, um weder vom Wasserstrahl noch von den Schimmelbeinen getroffen zu werden. Robert half ihr und hielt Schimmel am Halfter, denn anbinden konnte man ihn am Wasser nicht. Theres und Alberta saßen auf den noch sonnenwarmen Steinen und streichelten Barana. Alle entdeckten gleichzeitig die Ankommenden. Nun, die wurden ja auch erwartet, aber alle wandten sich ihnen so gleichzeitig zu, dass Jana merkte, die hatten auf sie gelauert. Doch damit war auch schon alles Gleiche weg, sie machten völlig verschiedene Begrüßungsgesichter. Maren und Robert waren wütend, Rena und Andreas neugierig, gespannt, Alberta strahlte vor Freude. Und Theres? Die sah man eigentlich nie vor Freude strahlen, aber alles an ihr war ja so durchscheinend, durchsichtig, dass jetzt

sogar die Zahnspange durch die Freude in ihrem Gesicht funkelte. Barana sprang auf und rannte ihnen entgegen. Theres und Alberta standen auf. Rena und Andreas parierten ihre Pferde durch und kamen dicht an den Zaun. Maren ließ den Schlauch los, Robert spritzte das Wasser ins Gesicht, Schimmel trat Maren auf den Fuß.

«Was ist hier los?», flüsterte Bettina.

Sie schaute hinüber zu Troilus' Box. Das Fenster war wieder geöffnet, aber Hermann hatte zwei Stangen angebracht, sodass auch ein Glückskauf nicht mehr aus dem Fenster steigen konnte.

«Dolly?», fragte Andreas.

Bettina zuckte die Achseln: «Verkauft.»

Grohne-Wilte koppelte den Landrover ab.

«Warum stellt er den Hänger weg?», fragte Rena. «Er muss doch Askan ausladen.»

«Was ist hier los?», fragte Bettina. «Troilus?»

Andreas lachte.

«Allerdings. Wir sollten ihn doch laufen lassen. In der Halle. Damit er nicht über die Zäune springt. Also, der große Spiegel an der langen Seite hat jetzt eine Ecke weniger. Troilus hatte scheint's noch nie einen Spiegel gesehen. Aber passiert ist nichts, das heißt doch, es ist was passiert, aber was anderes.»

«Wo ist Askan?», fragte Rena.

Bettina fasste Jana bei den Schultern und schob sie nach vorn.

«Das ist meine Freundin Jana», sagte sie, «die ich vor Kurzem noch ein fieses kleines Arschloch genannt habe. Ich nehme das zurück. Jana ist ein edler Mensch, fast wie ein Pferd, sie

hat Askan verkauft, damit er bei Dolly bleiben kann. Und Dolly bei ihm.»
Da stand Grohne-Wilte neben ihnen.
«Ich denke, *ich* habe Askan verkauft», sagte er.
«Ja, pardon, du auch», verbesserte Bettina. «Ich weiß nicht, was ich großartiger finde. Dass du dich überhaupt von ihm getrennt hast. Oder dass du ihn für einen Euro verkauft hast.»
«Du hast was?», staunte Andreas.
«Erzählt es nicht weiter», knurrte Grohne-Wilte. «Das verdirbt die Preise.»
Andreas pfiff durch die Zähne: «Versuch mal, dieses Niveau an Großzügigkeit zu halten. Es gibt heute noch einen Angriff auf deine Großmut.»
Und dann sagte niemand mehr etwas. Die Spannung wurde immer dichter wie die Luft in einem Luftballon. Was Jana immer stärker spürte, waren Marens wütende Augen, denn die Wut galt ihr, Jana, niemandem sonst. Und dann platzte der Ballon. Es war Alberta, die ihn platzen ließ.
«Sie kommen!», rief sie. «Die Islandpferde! In zwei Wochen. Sie kommen hierher. Ganz nah! Ganz bald! Ganz nah!!!»
Bettina, die Hände immer noch auf Janas Schultern, fragte: «Wer? Was? Wer kommt? Wohin?»
Maren drehte endlich das Wasser ab und warf den Schlauch auf die Halterung. Sie rollte ihn nicht zusammen, sie warf das Ende so hart gegen die Wand, dass Schimmel erschreckt zurücksprang. Robert hatte Mühe, ihn zu halten.
«Ich bin für die Wiedereinführung der Bezeichnung ‹fieses kleines Arschloch›», sagte sie. Dabei starrte sie Jana an.
«Der Bauer mit dem Resthof hinter dem alten Gutshaus»,

erklärte Andreas, «wisst ihr, wenn man den Tannenweg hochreitet, dann vom Gutshaus weiter ins Hinterland, da ist noch ein Resthof, unrentabel für einen Vollzeitbauern, zu klein, ja?, ihr kennt ihn?»
Bettinas Hände auf Janas Schultern schlossen sich wie Klammern. Fast tat es weh.
«Was ist mit dem?», fragte sie.
«Er nimmt die Islandpferde», erklärte Andreas. «Der Platz sei ideal, besser noch als der auf der anderen Seite von der Stadt. Haben Sven und Isa gesagt. Die waren heut Morgen hier. Haben sich vorgestellt. Fand ich sehr in Ordnung. Sie bitten um Zusammenarbeit statt Konkurrenz.»
«Wo gehen die hin!» Grohne-Wilte konnte es nicht fassen.
Janas erster Gedanke war: Dann können wir zusammen ausreiten. Wir treffen uns im Tannenwald.
Da aber fiel ihr ein, dass sie kein Pferd mehr hatte.
«Aber da haben wir die ja direkt vor der Nase!», schrie Grohne-Wilte.
«Der Bauer ist nicht von selber auf die Idee gekommen!» Maren schoss diese Worte wie giftige Pfeile auf Jana.
Die erinnerte sich: Ihr letzter Ausritt mit Askan. Der Versuch einer Verbesserung. War er doch nicht gescheitert?
Rena sprang von der zappelnden Fantasy. An Reiten war nicht mehr zu denken. Die Luft knisterte. Zu viele zu sehr verschiedene Blicke prallten aufeinander: wütende, giftige, fragende, entsetzte – und die strahlenden von Alberta und Theres.
«Der Bauer hat hier angerufen», erklärte Rena. «Gerade als ihr abfahren wolltet. Donnerstag. Er wollte die Nummer

von dem Islandpferdehof haben. Jana, du erinnerst dich? Ich hab dich noch gefragt. Und du hast dann gesagt, ich soll Theres anrufen. Hab ich auch getan. Aber vorher – ihr wart gerade weg – hat mir der Bauer erzählt, er hätte da ein Mädchen getroffen auf dem Feldweg hinter dem Gutshaus, ein Mädchen mit einem großen Fuchs mit schmaler Blesse. Die hat nach einem Platz für die Islandpferde gesucht. Nach dem Gutshof hat sie gefragt. Und dann ist sie in diese Richtung zurückgeritten.»

Bettinas Hände glitten von Janas Schulter.

«Und da», fuhr Rena fort, «ist der Bauer auf die Idee gekommen, seinen Hof anzubieten. Bewirtschaften kann er ihn nicht mehr. Für einen Pferdehof reicht das Land. Hat nur Vorteile für alle beteiligten Personen.»

«Vorteile?», schrie Grohne-Wilte. «Wo bitte ist da für uns der Vorteil?»

Rena zuckte die Achseln: «Wir sind keine unmittelbar beteiligten Personen.»

«Natürlich sind wir beteiligt! Wir werden geschädigt, also sind wir beteiligt! Die Stadtverwaltung! Wer hat einen Draht zu der Stadtverwaltung!»

«Keine Chance», sagte Andreas. «Das ist ja nicht unsere Gemeinde.»

«Aber wir haben Reiter von dort.»

«Die können da nicht helfen. Das Gelände da hinten ist viel besser als das auf der anderen Seite, wo die hinwollten. Es ist noch weiter weg vom See, wenig Tourismus, keine Hotels. Und die Stadt hätte gern eine Reitschule. Sie haben nämlich keine.»

«Sie haben uns! Das ist unser Einzugsgebiet!»

«Lass mal, Manfred», versuchte Andreas zu vermitteln. «Die Leute mit den Islandpferden sind schwer in Ordnung. Sie sind auch nicht begeistert, dass wir jetzt so dicht zueinander kommen. Aber sie wollen …»
«Du hast gut reden», sagte Grohne-Wilte. «Dir kann das egal sein. Wenn ich hier die Pensionspreise erhöhen muss, weil wir keine Reitschüler mehr haben – du kannst das ja zahlen.»
«Genau!», rief Maren. «Und wir können es nicht.» Sie sah Jana direkt an. Ihre Augen schossen Pfeile, viele kleine vergiftete Pfeile. «Heute Morgen», sagte sie, «war dieser Bauer hier. Er wollte sich bei Jana bedanken. Ohne sie wäre er nicht auf die Idee gekommen!»
Und eine leise Stimme dicht hinter Jana flüsterte: «Fieses kleines Arschloch.»
Jana drehte sich um.
«Du – du hast mir ver-versprochen», stotterte sie. «Betti, du hast mir versprochen …»
Bettina schaute sie an. Es war kein Hass in ihrem Blick, nicht einmal Wut.
«Ich kann nicht, Jana», sagte sie leise, «das ist zu viel. Ich kann nicht.»
Sie wandte sich ab und ging schnell Richtung Stall. Auch Grohne-Wilte ging an Jana vorbei. Die aber spürte plötzlich wieder eine Hand auf der Schulter: Felix.
«Du», flüsterte er. «Das war super. Damit hast du alles wiedergutgemacht. Und weißt du was? Hier haben wir keine Pferde mehr. Für mich ist das nicht mehr derselbe Ort. Ohne Dolly. Und wenn die uns hier nur angiften? Wir schauen uns diese Isländer mal an.»

Alberta und Theres kamen auf Jana zu. Ungefähr einen Meter vor ihr blieben sie stehen. Aber dann brach alles Zögern in Alberta zusammen. Sie breitete die Arme aus und fiel Jana jubelnd um den Hals.

«Du bist undankbar!», schrie Maren im Hintergrund. «Du kriegst hier alles geschenkt ...»

Alberta in Janas Armen wurde steif, riss sich los, drehte sich um.

«Ich kriege hier nichts geschenkt», rief sie zurück.

Robert trat dazwischen.

«Denkt bitte mal, was das für uns bedeutet», sagte er. «Wenn Grohne-Wilte wirklich den Pensionspreis erhöht, sehen wir ganz schön alt aus.»

Er nahm den Schimmel und ging. Maren folgte ihm.

Jana fühlte sich völlig zerrissen. Das hatte sie natürlich nicht gewollt.

«Wir finden eine Lösung», beruhigte Andreas und sprang von Malachit. «Jetzt freut euch erst mal.»

Da waren noch zwei, die sich freuen sollten, aber sie standen voreinander, einen Meter Luft dazwischen und kamen nicht näher aneinander heran.

Alberta zog Felix weg und sagte: «Ich glaube, wir lassen die beiden mal allein.»

So blieben Jana und Theres allein zurück.

«Gehen wir zum Wald?», fragte Jana. «Zum Stall gehen mag ich nicht.»

Theres nickte.

Zum Wald gehen war dann nicht so sehr viel leichter für Jana. Hufspuren waren auf dem Weg, keine von Askan, nie wieder welche von Askan.

«Danke», sagte Theres. «Und es tut mir so leid. Wegen Askan.»
«Er ist kein Käfigpferd mehr», sagte Jana. «Sie haben es ungeheuer gut. Dolly und Askan. Wir dürfen sie auch besuchen. Und dann auch reiten. Und sie sind zusammen. Sie sind doch Freunde. Ich dachte, für Pferde sind ihre Pferdefreunde am wichtigsten.»
Sie blinzelte aus den Augenwinkeln hinüber zu Theres. Die nickte, starrte auf den Boden. Sie gingen nebeneinander her und schwiegen. Sie dachten beide dasselbe, so genau dachten sie beide dasselbe, dass sie einige Minuten später an derselben Stelle weiterreden konnten. Es war Theres, die es sagte:
«Und für Menschen sind Menschenfreunde am wichtigsten.»
Jana nickte. Sie blieb stehen. Und da brach es aus ihr heraus:
«Ich hab das nicht verstanden! Theres, ich hab das nicht verstanden. Jetzt mal gar nicht wegen Askan, ich meine, dass du ihn erst mit mir teilen wolltest und dann nicht mehr wolltest. Du hast ihn nicht geliebt, nicht so wie ich, und ich verstehe, dass du vielleicht eins von den Islandpferden geliebt hast, kann ja sein. Aber du bist nie auch nur ein bisschen traurig deswegen gewesen, dass *wir* dadurch getrennt werden.»
«Doch», flüsterte Theres, «sehr.»
«Davon hast du nichts gesagt.»
«Ich sage doch nicht so viel.»
«Du hast es auch nicht gezeigt.»
«Ich zeige auch nicht so viel.»

Sie ging weiter. Jana musste ihr folgen, wenn sie hören wollte, was Theres leise vor sich hin sprach:
«Ich sage nichts. Ich zeige nichts. Ich heule in der Nacht.»
«Das verstehe ich nicht», sagte Jana.
«Nein», Theres schüttelte den Kopf. «Das verstehst du nicht. Du verstehst auch nicht, dass ich …»
Jetzt war es Theres, die stehen blieb und Jana direkt in die Augen sah.
«… dass ich Angst habe. Auf dem Ulmenhof habe ich immer nur Angst gehabt. Immer. Jeden Augenblick. Auch wenn ich Askan reiten durfte, mit dem ich gut zurechtkam, auch dann. Ich habe hier Angst. Vor den Pferden, vor Bettina, vor Grohne-Wilte, manchmal sogar vor dir. Dabei hab ich dich gern! Und ich will reiten! Und das Irre ist, bei den Isländern habe ich keine Angst. Auch nicht vor Isa. Auch nicht vor Sven. In dem Stall *ist* ganz einfach keine Angst.»
Jana fing an zu verstehen. Sie hatte etwas davon gespürt, als sie auf dem Rappenhof zum Spionieren war. Ja, wirklich - es hatte im ganzen Stall nur eine einzige Angst gegeben, und das war ihre gewesen: die Angst erwischt zu werden. Ein Fremdkörper in jenem Stall.
«Du – weißt du, was Felix gesagt hat?», fragte sie. «Wir haben doch hier keine Pferde mehr, Felix und ich, wir kommen mal mit zu den Isländern. Oder meinst du, die schmeißen mich da raus?»
«Unsinn!», sagte Theres. «Ich soll dich grüßen. Von Isa und Sven. Und dir Danke sagen.»
Und dann rannten sie ein Stück. Jana lachte. Theres weinte. Aber in dem Augenblick war das fast dasselbe.

Danach ging alles schnell, denn Isländer sind schnelle Pferde. Und das nicht nur, weil sie ihre Beine so geschwind unter ihrem Körper wirbeln lassen können und die kleinen harten Hufe knattern über den Boden – nicht nur da sind sie schnell. Man kann auch mit ihnen rasch Entscheidungen treffen, und Umziehen ist kein Problem. Sie wollten den alten Rappenhof ja ohnehin verlassen, und ihr neues Quartier war bald gerichtet. Bauer Wallbreck schaffte ein paar alte Geräte aus seiner Scheune hinaus. Alles wurde geputzt, Staub und Spinnweben entfernt und die Hälfte der Fläche eingestreut – fertig. Draußen wurde ein Paddock gerichtet und die Wiesen mit Elektroband eingezäunt – fertig. Nur Isa und Sven würden zunächst in einer kleinen, notdürftig renovierten Wohnung im Bauernhaus leben müssen.
Die Vorbereitungen für die Pferde dauerten nicht länger als zwei Wochen, dann würden sie kommen – nur weg von dem Fließgewässer, der Oktober war für die meisten Pferde mit Sommerekzem der schlimmste Monat. Also rasch hinauf auf die Hochebene im Hinterland, wo der Wind über die Weiden blies, das mögen die Pferde – und die Mücken überhaupt nicht. Und nirgendwo ein Fließgewässer.

Rena breitete ein Tuch im Reiterstüble aus, groß wie ein Bettlaken. In der Mitte war eine große runde weiße Stelle frei gelassen, die vier Ecken hatte sie mit Mustern bemalt, viel blau, wenig rot, noch weniger weiß.
«Trikolore?», fragte Bettina. «Französische Flagge? Machst du jetzt einen Laden auf? Mit französischem Käse und Wein? Du musst noch nichts dazuverdienen. Noch hat Manfred die Pensionspreise nicht erhöht.»

Rena trat einen Schritt zurück und prüfte, wie das Tuch wirkte.
«Du liegst gar nicht so falsch. Flagge ist richtig, Frankreich ist verkehrt. Also Käse und Wein auch.»
«USA», schlug Maren vor, «die haben dieselben Farben. Rena arbeitet jetzt bei McDonald's. Besorg uns einen Job. Ist fraglich, wie lange wir unsere Pferde noch bezahlen können.»
Jana drückte die Stirn an die Scheibe und starrte hinunter in die Reithalle. Da war nichts los. Ein paar Privatreiter, von denen Dominik noch am besten ritt. Sie wollte nur nicht zuhören. Diese dauernden Anspielungen auf den unvermeidlichen Niedergang des Ulmenhofs nervten sie. Immerhin, sie hatte ihre Freunde wieder neben sich. Der Rundumbeschlag war wieder komplett.
«Also stimmt es nun?», hakte Maren nach. «Du eröffnest eine Filiale für McDonald's?»
«Wo?», fragte Robert. «Könnte wichtig werden. Ich fürchte, wenn ich mein Pferd behalten will, muss ich das Zeugs bald essen. Krieg ich wenigstens Rabatt?»
Aber Rena musste ablehnen: «Amerika ist auch falsch. Jetzt denkt mal nach, wer hat noch diese Farben?»
«England», sagte Bettina. «Aber gibt's da irgendwas, was man essen kann?»
«Um Himmels willen, Rena!», Maren gab sich empört. «Du wirst doch keine Fish & Chips-Bude machen wollen. Glaubst du, Robert, wir werden *das* essen müssen?»
Robert schüttelte sich.
«Alberta!», sagte Rena. «Theres!»
Da mussten die sich wohl umdrehen und Jana auch, denn sie war doch neugierig.

«Habt ihr diese Farben schon einmal auf einer Flagge gesehen?»
Die beiden antworteten gleichzeitig, nur dass Alberta es rief und Theres es flüsterte: «Island!!!» – «Island –»
«Sie haben so eine Flagge auf dem Rappenhof», sagte Alberta. «Ich hab gesehen, wie sie die eingepackt haben.»
Rena nickte: «Diese Islandpferdereiter haben immer eine Flagge. Beim Schaureiten, mein' ich. Ich bin eigentlich nicht so ein Fahnenfreund, hat immer auch was Patriotisches. Aber die Isländer führen ja keine Kriege.»
«Und was willst du damit?» Bettinas Stimme klang ein wenig misstrauisch.
«Sie begrüßen. Ich hab das Muster aufgemalt und nur die isländischen Farben genommen, ich wollte nicht, dass es ihrer Fahne zu ähnlich wird.»
«Willst du die Fahne hissen auf dem Resthof da oben?», fragte Robert.
Rena schüttelte nur den Kopf.
«Und was soll in die Mitte?»
«Eben! Das wollte ich hier fragen. Kann ich unser Vereinszeichen da eindrucken lassen?»
«Bist du wahnsinnig?!» Maren sprang auf.
«Nein!», sagte Bettina. «Ich finde es schlimm genug, dass du uns in den Rücken fällst, aber das ist wohl ...»
«Ich falle euch nicht in den Rücken», seufzte Rena. «Wenn ihr das doch kapieren würdet. Das Einzige, was uns helfen kann, ist Zusammenarbeit. Also, krieg ich das Motiv vom Ulmenhof?»
«Nein!», sagte Bettina und ging.
Rena faltete das Tuch wieder zusammen, nickte den vier

Freunden am Fenster zu und ging auch. Die vier Hufeisen vom Rundumbeschlag schauten sich fragend an. Jana stand als Erste auf. Sie folgten Rena und fanden sie in der Sattelkammer.

«Also dann lass ich einen töltenden Isländer da eindrucken», sagte sie, «und wir schenken ihnen die Fahne.»

«Willst du gleich am Sonntag hinfahren und sie ihnen bringen?», fragte Alberta. «Das wäre toll.»

Rena schüttelte den Kopf: «Wir dachten uns das anders. Wir reiten ihnen entgegen.»

Dabei schaute sie Jana an.

«Das ist noch besser», fand Alberta, «das ist super.»

«Wir haben drei Pferde.»

Rena schaute noch immer Jana an.

«Na und?», fragte die.

«Du hast ihnen am meisten geschadet», erklärte Rena, «und du hast ihnen am meisten geholfen. Wir dachten, dass du diese Fahne trägst. Du darfst Fantasy reiten.»

Sonntagabend auf der Hochebene im Hinterland.

Wäre da ein Sioux gewesen, der sein feines Indianerohr auf den Boden legte, um zu hören, was sich nähert, er wäre ganz durcheinandergeraten. Von Westen kam eine Herde, 136 Hufe machten Geräusche, die dem Sioux nicht vertraut wären. Diese Gangart war seinem Indianerpony fremd. Von der anderen Seite näherten sich drei Pferde. Die gingen ganz normalen Schritt.

Isa und Sven hatten ihre Pferde auch lange Schritt gehen lassen. Sie hatten sie geschont, um das letzte Stück vom Wald

bis zu ihrer neuen Heimat tölten zu können – ein letztes, ein trauriges Geschenk an die vielen Reitschüler, die halfen, die Pferde hinüberzureiten. Nicht wenige von ihnen mussten sich von ihren Pferdefreunden trennen. Der Weg zum neuen Stall war für einige zu weit.
Felix, Alberta und sogar Theres waren auf einen Schuppen geklettert. Felix und Alberta standen, Theres saß. Alberta sah die Reiter zuerst. Sie winkten den drei anderen Pferden zu. Die galoppierten an.
Rechts außen Andreas mit Malachit, links außen Rena mit Sham, in der Mitte Jana mit Fantasy. Und der Fahne.
Sie hatten das üben müssen. Vor allem Malachit hatte vor dem flatternden bunten Tuch gescheut. Aber er und Andreas kannten sich schon so lange, bald glaubte Malachit seinem Menschen, dass keine Gefahr drohte. Auch Jana hatte es erst nicht ganz leicht gehabt. Sie hielt die Fahne in der rechten Hand und ritt Fantasy allein mit der linken. Das hatte sie lernen müssen. Fantasy galoppierte in regelmäßigem Takt, ein ruhiger gesetzter Galopp. Noch verdeckte die Scheune den Blick zum Wald. Andreas winkte Alberta, Theres und Felix zu.
«Willst du auch winken?», fragte er Jana und lachte.
«Wie soll ich das machen?»
Andreas nahm die Zügel in die rechte Hand und griff nach der Fahne.
«Ganz einfach», sagte er.
So einfach war das gar nicht. Die Fahne steckte in einer Halterung an Janas Steigbügel. Aber Andreas hielt Malachit Bügel an Bügel neben ihr.
Und Jana winkte.

Da waren sie um die Scheune herum und die beiden Gruppen sahen sich. Erkannten Isa und Sven die Farben? Sven winkte als Erster. Er hielt sein Pony nicht zurück. Er ließ es noch etwas schneller tölten.
«Ich geh mal vor!», rief Rena und ließ Sham springen.
Jana hatte keine Zeit zu erschrecken.
«Ho!», machte Andreas und seine beiden gut erzogenen Dressurpferde stürmten nicht hinter dem Araber her.
So trafen sie zusammen: Sham hielt mit einem Sliding Stop aus vollem Tempo vor Svens rot-weiß geschecktem Isländer. Auch der stand. Die ganze Gruppe hielt. Andreas und Jana parierten die Dressurpferde korrekt zum Halten.
«Herzlich willkommen», sagte Rena.
Jana übergab die Fahne an Sven.
Der lachte, warf die rotblonden Haare aus dem Gesicht und ließ seinen Schecken eine Runde über die Wiese tölten. Er saß, wie man nur auf einem guten Tölter sitzt, vollkommen reglos. Die beiden Border Collies sprangen hinter ihm her.
Die Pferde waren abgesattelt. Die Reitschüler hatten sie alle noch eine Weile im Schritt geführt und ihnen ihre neue Heimat gezeigt. Mit einem fremden Mädchen zusammen führte Theres eine Fuchsfalbstute mit heller Mähne: Bjalla.
Auch Jana war abgesessen und führte Fantasy. Und da sah sie ein bekanntes Gesicht.
«Was machst du denn hier?», fragte sie.
«Das geht dich nichts an», sagte Natalie.
«Reitest du jetzt Isländer?»
Natalie gab keine Antwort.

«Bettina hat uns erzählt, du reitest gar nicht mehr.»
«Ich reite», sagte Natalie, «aber keine Isländer.»
«Wo dann?»
Aber Natalie wiederholte nur: «Das geht dich nichts an.»
Eine halbe Stunde später kam ein Pferdetransporter und brachte noch zwei Pferde.
«Sind die krank?», fragte Jana. «Weil sie gefahren werden?»
Theres schüttelte den Kopf.
«Nein, aber die hätten sie selber reiten müssen, und mit denen führen sie keine Ausritte. Die sind Isas und Svens andere Liebe.»
Isa und Sven holten die beiden Pferde selber vom Hänger. Schimmel, beide, keine Isländer, aber auch keine Warmblüter, runde, nicht allzu große Pferde mit mächtigem Hals.
«Hengste?» Felix trat vor und fragte: «Was? Was ist denn das?»
Isa stellte vor: «Dies ist Federico García Lorca, ein spanischer Dichter, und der ist Don Pedro Calderón de la Barca, auch ein spanischer Dichter.»
«Und du», sagte Sven zu Felix, «darfst sie Rico und Pedro nennen.»
«He!», protestierte Isa. «Wieso das? Du kennst ihn doch gar nicht. Es dürfen nämlich nur sehr wenige Leute diese zwei mit dem Vornamen ansprechen und ‹du› zu ihnen sagen.»
«Ich kenne ihn», sagte Sven. «Vom Turnier. Wo wir das Schaubild geritten sind. Da habe ich ihn reiten sehen. Er darf Rico und Pedro duzen.»
Und damit ging er weiter. Die beiden Hengste kamen nicht in den Offenstall. Sie hatten behelfsmäßige Boxen gerichtet bekommen und auch schon einen eigenen Paddock.

Und dann rief Isa: «Abendessen! Freut euch, ihr dürft heute grasen.»
«Sollen wir ihnen nicht lieber Heu geben. Im Stall?», fragte Sven. «Jetzt ist es für die Ekzemer am schlimmsten.»
«Hier sind keine Mücken», behauptete Isa.
Sie öffnete den Elektrozaun. Eine Gasse, ungefähr fünf Meter breit, führte zur Weide.
Vierunddreißig Islandpferde rannten los. Die Hunde folgten ihnen bellend.
An Janas Augen wogten die Rücken der Pferde vorbei. Mähnen schäumten auf, Schweife schlugen hoch, aufspritzende Wellen, ein buntes Pferdemeer.
Jana dachte: Baden, in Pferden baden.
In Sandgelb und Erdbraun, in Schwarz und Kupfer, in Silberweiß und Bronze und Messing, in Mausgrau und Falb, in Fuchsrot und Sahne und alles auch noch einmal gescheckt – Islandpferde haben so viele Farben wie die gesamte übrige Pferdewelt zusammen.
Und da merkten sie, dass es zur Weide ging. Es griff ein Windstoß durch ihre Körper, zerwühlte die vorher schon lebhafte Oberfläche, Köpfe fuhren hoch, Hufe schlugen aus, sie kniffen sich in die Nacken und Kruppen, sie schnaubten, quietschten und wieherten, da zackte ein Bein über einen Rücken, da hob sich ein Huf über einen Hals, und durch alles wehten die Mähnen: Springflut im Mähnenmeer.
Sie erreichten die Weide. Der breite Pferdestrom floss auseinander in schmale Bäche, versickerte zu kleinen Rinnsalen und wurde zu bunten Tropfen versprengt über die Wiese, alle mit den Nasen im Gras.

«Daheim», sagte Isa.

Sven stand neben ihr. Er hatte wieder die Fahne in der Hand.

Jana schaute sich um und dachte: Daheim?

UND WIE GEHT'S WEITER?

Alle wieder beieinander! Rundumbeschlag komplett! Aber werden Jana und Felix wirklich auf dem Rappenhof ein neues Zuhause für ihr Reiterleben finden? Und wird Theres wirklich ein eigenes Islandpferd bekommen? Und welches? Wenn ihr das erfahren wollt, müsst ihr den *Hufspuren* folgen zum dritten Band.

Ich habe diese Pferdebuchreihe *Hufspuren* genannt, weil ich nichts anderes tue, als noch einmal den Spuren nachzugehen, die viele Pferde in meinem Leben zurückgelassen haben. Natürlich sind die Geschichten erfunden, aber die Ereignisse, aus denen sie entstanden sind, habe ich fast alle erlebt, z. B. so einen Umzug von mehr als 30 Islandpferden. Übrigens: Zuerst wollte ich die Reihe anders nennen: «Frislandaloosa», aber alle meinten, das sei zu rätselhaft. Stimmt das? Ich würde eigentlich vermuten, die richtigen Pferdekenner unter euch durchschauen das Wort und erkennen schnell, wer in den folgenden Büchern noch auftreten wird. Mögt ihr das Rätsel lösen? Dann schreibt mir: christaludwig@gmx.de

Ich bin in vielen verschiedenen Städten in vielen sehr verschiedenen Reitställen gewesen. Die meisten guten und schönen Erlebnisse, die in diese *Hufspuren* eingegangen sind, habe ich da erlebt, wo ich heute noch wohne. So möchte ich mich sehr herzlich bedanken bei:
Ulla Thiersch von Keiser und Dr. Petra Baurmann von der Reitschule Rengoldshausen in Überlingen am Bodensee, und bei Gaby Matscheko vom Islandpferdehof Hegau bei Stockach im Bodenseehinterland.
Mein besonderer Dank aber gilt diesen meinen Freunden, ohne die diese Bücher nicht entstanden wären: Inka, Dolly, Oro, Beaujolais, Obelisk, Suleika, Silber, Tamino, Grande, Bjalla, Thokkadis, Menja, Skuggi, vor allem aber: Gletta und Starkadur.

MINI-LEXIKON DER PFERDEFACHSPRACHE

abreiten	entspricht dem ‹Warmlaufen› beim Beginn einer Sportstunde
anpiaffieren	mit der Piaffe beginnen, Piaffe ist Trab auf der Stelle, schwierige Dressurlektion
Abschwitzdecke	wenn Pferde nach dem Reiten schwitzen, verhindert eine solche Decke, dass sie sich erkälten
Ausbinder	Hilfszügel für Anfänger, ein Lederriemen verbindet die Trense mit dem Sattelgurt, das Pferd kann den Kopf dann nicht mehr hochnehmen
Bereiter	Ausbilder eines Pferdes
Berittpferd	dem Bereiter zur Ausbildung anvertrautes Pferd
Canter	ruhiger, gelassener Galopp
durchparieren	das Pferd vom Galopp in den Trab oder vom Trab in den Schritt oder vom Schritt zum Halten bringen
Ekzemer	immer mehr Pferde reagieren allergisch auf Krie-

	belmücken, man nennt das Sommerekzem, obwohl es eine allergische Reaktion ist
sich festlegen	wenn Pferde sich in ihrer Box wälzen, kann es geschehen, dass sie mit den Beinen zu dicht an die Wand kommen und nicht mehr aufstehen können
Fliegender Galoppwechsel	vom Rechtsgalopp in den Linksgalopp umspringen (oder umgekehrt), ohne dazwischen Trab oder Schritt zu gehen (vgl. Außengalopp*)*
Halbblüter	Pferd, bei dem ein Elternteil ein Vollblüter ist
Hinterhandwendung	das Pferd dreht sich um seine Hinterbeine, die Hinterbeine treten auf der Stelle, die Vorderbeine machen einen Bogen
Jagdgalopp	schneller Galopp
Kopfstück	die Lederriemen des Zaumzeugs am Kopf des Pferdes
Kruppe	Hinterteil des Pferdes
leichttraben	der Reiter bleibt nicht im Sattel sitzen, sondern bewegt sich im Rhythmus auf und ab
longieren	das Pferd läuft an einer langen Leine (Longe) im Kreis, der Longenführer steht in der Mitte und lenkt das Pferd
Martingal	Hilfszügel, die Zügel laufen durch Ringe an Lederriemen, die unten am Sattelgurt befestigt sind, verhindert, dass das Pferd den Kopf hochwirft
Mitteltrab	ziemlich schneller Trab
Nasenriemen	Teil des Zaumzeugs
Offenstall	die Pferde leben nicht in Boxen, sondern in Gruppen in einem offenen Stall, den sie nach Belieben verlassen können, sie gehen dann in ihren Paddock
Paddock	eingezäunter Auslauf für Pferde
Panikhaken	wird z. B. in das Halfter eingeschnallt und kann mit einem Griff gelöst werden, falls das Pferd in Panik gerät
Parcours	Hindernisabfolge in einer Springprüfung
Passage	sehr schwierige Lektion in schweren Dressurprüfungen, das Pferd geht einen sehr langsamen Trab und scheint einen Augenblick in der Luft zu schweben
Pellets	in kleine Teile gepresstes Pferdefutter

Piaffe	sehr schwierige Lektion in schweren Dressurprüfungen, das Pferd trabt auf der Stelle
Reitbeteiligung	wer kein eigenes Pferd kann, kann eine Beteiligung an einem Pferd übernehmen, je nach Absprache mit dem Besitzer, zahlt er einen Betrag und reitet einige Tage in der Woche
Renngalopp	sehr schneller Galopp
Rennpass	spezielle Gangart einiger Pferderassen (Isländer)
Schulpferd	gehört der Reitschule, bringt Anfängern das Reiten bei
Sidepull	gebissloses Zaumzeug
Sliding Stop	sehr schneller Halt aus vollem Galopp, das Pferd sitzt fast wie ein Hund und rutscht auf den Hinterbeinen
Tölt	spezielle Gangart einiger Pferderassen (Isländer), das Pferd bewegt die Beine wie im Schritt, nur sehr viel schneller
Traversale	das Pferd geht seitwärts, die Beine überkreuzen sich, es schaut in die Richtung, in die es sich bewegt
Trense, Trensengebiss	Lederriemen am Kopf des Pferdes und das Metallstück im Maul
Vielseitigkeitsprüfung	besteht aus einem Geländeritt über feste Hindernisse, einer Dressurprüfung und einem Springen
Vollblüter	edle, sehr elegante Pferderasse, es gibt arabische Vollblüter und englische
Volte	Hufschlagfigur, kleiner Kreis
voltigieren	das Pferd läuft an einer Longe im Kreis (vgl. longieren), es trägt keinen Sattel, sondern einen Gurt mit Griffen, die Voltigierer machen Turnübungen, meist am galoppierenden Pferd
Vorhandwendung	das Pferd tritt mit den Hinterbeinen um die Vorderbeine, die sich auf der Stelle bewegen
Warmblüter	die meisten Sportpferde sind Warmblüter
Wassersprung	über Wasser gebauter Sprung
westernreiten	die Reitweise der amerikanischen Cowboys
Westernsattel	spezieller Sattel für das Westernreiten
Widerrist	Körperteil des Pferdes, Übergang vom Hals zum Rücken
Zirkel	Hufschlagfigur, großer Kreis

Christa Ludwig wurde 1949 in Wolfhagen bei Kassel geboren. Nach dem Studium der Germanistik und Anglistik in Münster und Berlin unterrichtete sie zunächst einige Jahre Deutsch und Englisch. Ab 1988 begann sie Jugendbücher zu schreiben. Mit dem historischen Roman *Der eiserne Heinrich* (1989; Anrich Verlag) ist sie bekannt geworden. Sie reitet seit ihrer Jugend, hat Pferde aus vielen verschiedenen Ländern kennengelernt und Einblick in den Turnierbetrieb bekommen. Ihre eigenen Erlebnisse mit Pferden – schöne wie auch erschreckende – sind in die Geschichten eingeflossen, die sie in ihrer Reihe *Hufspuren* erzählt. Zwei Bände machen den Anfang: *Fliegender Wechsel* und *136 Hufe zu viel*. Christa Ludwig hat drei erwachsene Söhne. Sie lebt mit ihrem Mann, einem Hund und einem Islandpferd in der Nähe des Bodensees. Im Verlag Freies Geistesleben sind von ihr bisher erschienen: *Ein Lied für Daphnes Fohlen, Blitz ohne Donner, Carlos in der Nacht* und *Die Siebte Sage*.

HUFSPUREN